Anett Mehler-Bicher, Lothar Steiger
Augmented Reality

D1729655

Anett Mehler-Bicher, Lothar Steiger

Augmented Reality

Theorie und Praxis

3., überarbeitete Auflage

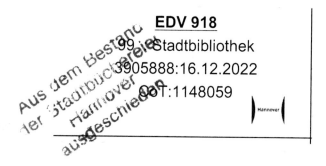

DE GRUYTER
OLDENBOURG

ISBN 978-3-11-075642-5
e-ISBN (PDF) 978-3-11-075650-0
e-ISBN (EPUB) 978-3-11-075658-6

Library of Congress Control Number: 2022933052

Bibliografische Information der Deutschen Nationalbibliothek
Die Deutsche Nationalbibliothek verzeichnet diese Publikation in der Deutschen
Nationalbibliografie; detaillierte bibliografische Daten sind im Internet über
http://dnb.dnb.de abrufbar.

© 2022 Walter de Gruyter GmbH, Berlin/Boston
Einbandabbildung: Bernhard Lang/DigitalVision/Getty Images
Satz: Integra Software Services Pvt. Ltd.
Druck und Bindung: CPI books GmbH, Leck

www.degruyter.com

AR Anwendung

Marker für die AR Anwendung

Link für die AR Anwendung (https://www.hs-mainz.de/webmedia/ar-buch/)

QR Code scannen, Weblink öffnen, Kamera auf Marker richten

https://doi.org/10.1515/9783110756500-202

Geleitwort

Innovationen mit existierenden Technologien in bestehenden Märkten finden dann ihren Durchbruch, wenn neue technologische Schübe wirtschaftlich attraktiver Lösungen auf aufnahmebereite Märkte treffen. Im Falle nutzerfokussierter Technologien wie Augmented Reality treiben die Erwartungen und Wünsche der Anwendenden das Engagement für nachhaltige Investitionen und Anwendungsentwicklungen.

Dieses Buch zeigt eindrücklich, dass Augmented Reality nicht auf eine ewig unvollkommene, visuelle Technologie als Spielfeld weniger computeraffiner Nerds reduziert werden darf. Es geht um die Verschränkung der realen und der Computergenerierten Welten zu einer neuen und faszinierenden realvirtuellen Erfahrung. Aus der Fusion von allgegenwärtigen Sensor-Aktor-Netzwerken und gemeinsam genutzten virtuellen Online-Welten entstehen persönliche, multisinnliche und interaktive Erlebnisse. Oder, um es mit René Magritte´s kongenialer Interpretation zu Platons Höhlengleichnis in seinem Bild „La condition humaine" (1935) zu sagen „Und so sehen wir die Welt: Wir sehen sie als etwas außerhalb von uns Befindliches, obwohl sie nur eine geistige Darstellung dessen ist, was wir in uns erleben".

Die Chancen und Risiken der Augmented Reality sind grenzenlos. Die Raum- und Zeiterfahrungen des Menschen lassen sich um künstliche Sinne und neue Identitäten erweitern. Klassische Mensch-Maschine-Schnittstellen werden verschwinden und durch Sprache und Gesten oder weitergedacht durch Human Augmentation-Systeme ersetzt. Die pro-aktive Mitgestaltung und AR-Kompetenz angesichts dieser erweiterten Realitäten ist die unabdingbare Voraussetzung für humane Zukunftsaussichten.

Auf den Schultern der AR-Visionen und Erfahrungen der Vergangenheit stehend fällt es gegenwärtigen und zukünftigen Entwicklungen wesentlich leichter in ihrem aktuellen Kontext weiter zu sehen und erfolgreich Zukunft zu gestalten. Vor diesem Hintergrund ist das nunmehr in dritter Auflage vorliegende integrative Lehr- und Praxisbuch für Technologen und Ökonomen von unschätzbarem Wert.

Dr. Michael Klein
Geschäftsführender Direktor des
„INM-Institut für Neue Medien", Frankfurt/Main

https://doi.org/10.1515/9783110756500-203

Vorwort zur 3. überarbeiteten Auflage

Seit Erstellung der ersten Auflage 2011 und der zweiten Auflage 2014 hat sich der Bereich Augmented Reality stetig weiterentwickelt. Sowohl technologisch als auch anwendungsspezifisch erfolgten viele Neuerungen. Während 2011 die Erkennung von Texturmarkern noch auf 5–10 Marker pro Anwendung begrenzt war, ist heute sowohl von Anzahl als auch Art der Marker fast alles möglich. Textur- oder Objektmarker sind heute Standard und durch die rasante Entwicklung der Sensorik in mobilen Endgeräten, sowie der erheblich verbesserten Rechnerleistung, sind technologisch fast keine Grenzen mehr gesetzt. AR/VR-Brillen haben ein Entwicklungsstadium erreicht, dass diese auch im betrieblichen Alltag tragbar sind. In den kommenden Jahren werden diese Brillen im Endkonsumenten-Markt eine hohe Verbreitung finden.

Im Rahmen dieser überarbeiteten dritten Auflage nehmen wir aktuelle Trends im Bereich Augmented Reality auf; gleichzeitig ist es ein integratives Lehr- und Praxisbuch, das zentrale Facetten von Produkt und Markt aufzeigt.

Technologische Neuerungen wie Augmented Reality aus der Cloud bzw. die Entwicklung einer AR-Cloud und die veränderte Bedienung der Geräte sind weitere Zukunftsaspekte. Wir haben in vielen Fällen ältere Abbildungen und Textpassagen im Buch belassen, um aufzuzeigen, dass viele Aspekte der AR-Entwicklung schon vor Jahrzehnen entwickelt wurden.

Die Hardware hat große Fortschritte gemacht. Umfangreiche Software-Bibliotheken ermöglichen es, auch ohne großen personellen und finanziellen Aufwand, AR-Applikationen zu entwickeln. Die Frage, die wir aber auch erörtern, ist, ob AR das Image des „nice-to-have" verloren hat und inwieweit AR Anwendungen in der industriellen Praxis angekommen sind.

Ein herzliches Danke geht an alle Korrekturleser.

Mainz, im Januar 2022
Anett Mehler-Bicher & Lothar Steiger

https://doi.org/10.1515/9783110756500-204

Vorwort zur 2. überarbeiteten Auflage

Seit Erstellung der ersten Auflage unseres Buchs hat der Bereich Augmented Reality eine sprunghafte Entwicklung erlebt. Sowohl technologisch als auch anwendungsspezifisch erfolgten viele Neuerungen. Während 2010 die Erkennung von Texturmarkern noch auf 5 – 10 Marker pro Anwendung begrenzt war, ist die Erkennung in den letzten Jahren fast beliebig geworden. Die Möglichkeit der Erkennung eines Markers aus einer Grundgesamtheit von 1 Million Texturmarker innerhalb von drei Sekunden veranschaulicht dies deutlich.

Im Rahmen dieser überarbeiteten zweiten Auflage nehmen wir aktuelle Trends im Bereich Augmented Reality auf; gleichzeitig ist es ein integratives Lehr- und Praxisbuch, das zentrale Facetten von Produkt und Markt aufzeigt.

Technologische Neuerungen wie Augmented Reality aus der Cloud oder die Implementierung von AR Funktionalitäten in Mobiltelefon-Chips werden den seit vielen Jahren angekündigten Durchbruch von Augmented Reality deutlich beschleunigen.

Ohne die Unterstützung von Thomas Janku mit technischem Wissen oder aber Support bei der Graphikerstellung und -bearbeitung wäre eine zweite Auflage in dieser Form nicht möglich gewesen.

Ein herzliches Dankeschön geht an alle Korrekturleser.

Mainz, im März 2014
Anett Mehler-Bicher & Lothar Steiger

https://doi.org/10.1515/9783110756500-205

Vorwort

Die Wahrnehmung der Technologie Augmented Reality (AR) in unterschiedlichen Bereichen nimmt in den letzten Jahren stetig zu. Nachdem nun auch das Smartphone als Endgerät für diese Technologie entdeckt wurde, wird AR eine rasante Entwicklung prognostiziert. Interessant dabei ist, dass die meisten Entwicklungen im Bereich AR schon in den 90ern des letzten Jahrhunderts stattfanden und erst jetzt, nachdem sich das technologische Umfeld und das kommunikative Verhalten verändert, auch für den Endverbrauchermarkt Schritt für Schritt entdeckt werden.

Ausgangspunkt unserer Entscheidung, ein Buch über Augmented Reality zu schreiben, war zum einen die Feststellung, dass es sehr viele einzelne Informationen zu AR gibt, jedoch noch kein zusammenfassendes Werk dazu vorliegt. Zum anderen die Überlegung, beide Felder, die Technologie einerseits und den sich entwickelnden Markt andererseits in diesem Buch zu betrachten. Aus diesem Grund verfolgen wir zwei Stränge: die technischen Aspekte und die kommunikativen Aspekte. Abschließend werden beide Stränge zusammengeführt, indem Anwendungsszenarien und mögliche Geschäftsmodelle aufgezeigt werden.

Der Schwerpunkt Kommunikation ist deshalb von großer Bedeutung, da Augmented Reality als eine neue Form der Mensch-Technik-Interaktion verstanden werden kann. Kommunikation bedeutet Informationen austauschen oder übermitteln, miteinander in Verbindung treten, sich verständigen und sich verstehen. Die Zusammenfassung soll einen Überblick über bisherige Einsatzbereiche und einen Ausblick auf mögliche künftige Anwendungen verschaffen, um die Chancen von AR im Markt besser einordnen zu können.

Entstanden ist ein integratives Lehr- und Praxisbuch, das versucht, zentrale Facetten von Produkt und Markt aufzuzeigen. Zwei Gruppen, sowohl Technologen als auch Ökonomen, sollen angesprochen werden, um beide gedanklich anzunähern und zu verbinden. Denn die Umsetzung neuer Technologien in marktfähige Produkte gestaltet sich meist sehr schwierig, da beide Gruppen „aus verschiedenen Welten" kommen. Das vorliegende Buch ist somit für Lehre und Praxis gleichermaßen relevant.

In diesem Sinne wurde das vorliegende Buch auf Basis eines Forschungs- und Beratungsprojekts an der Fachhochschule Mainz entwickelt. Es dient der Studienvorbereitung, konzentriert sich bei der Theorie auf das Wesentliche und stellt ihre Anwendung in den Mittelpunkt. Auf Praxisnähe haben wir in diesem Buch großen Wert gelegt. Anschauliche Erklärungen, unterstützt durch Beispiele und Abbildungen, sollen dem Leser das Verstehen bzw. Anwenden des Stoffes erleichtern und den technischen sowie ökonomischen Bezug vermitteln.

Abschließend verbleibt uns die angenehme Tätigkeit denjenigen Dank zu sagen, die uns bei der Entstehung dieses Buches maßgeblich unterstützt haben.

https://doi.org/10.1515/9783110756500-206

Ohne unsere wissenschaftlichen Hilfskräfte Swetlana Kasemir, die unermüdlich Graphiken erstellte und Fotos überarbeitete, sowie Daniela Breitholz, Sabrina Damaschke und Johanna Wege, die uns bei der Themenrecherche unterstützten, wäre dieses Buch in dieser Form nicht möglich gewesen.

Weiterhin danken wir für die Zurverfügungstellung von Bildern und Fotos folgenden Unternehmen und Organisationen: aurea, BeyondReality, Fraunhofer Institut, Metaio sowie Total Immersion.

Den Augmented Reality Akteuren Dr. Michael Klein (INM – Institut für neue Medien), Marc Maurer (empea), Thomas Janku und Wolfgang Steiger (aurea) danken wir herzlich für Informationen, Diskussionen sowie Vor- und Ratschläge.

Ein herzlicher Dank geht auch an alle Korrekturleser, allen voran Prof. Dr. Frank Mehler.

Alle verwendeten Begriffe sind geschlechtsneutral zu verstehen, auch wenn sie in der männlichen oder weiblichen Form verwendet wurden.

Mainz, im Oktober 2010
Anett Mehler-Bicher, Michael Reiß, Lothar Steiger

Inhaltsverzeichnis

Abbildungsverzeichnis

https://doi.org/10.1515/9783110756500-208

Tabellenverzeichnis

https://doi.org/10.1515/9783110756500-209

Abkürzungsverzeichnis

AR	Augmented Reality
CAD	Computer Aided Design
CRC	Cyclical Redundancy Checking
CRM	Customer-Relationship-Management
DOT	„Punkt" oder „Fleck"
HAI	Helicopter Association International
HDM	Head-Mounted-Display
HOM	Homography
IGD	Institut für graphische Datenverarbeitung
IIS	Institut für Integrierte Schaltungen
LCD	Liquid Crystal Display
LED	Light Emitting Diode
NFR	Natural Feature Recognition
POS	Point of Sale
PTAM	Parallel Tracking and Mapping
RFID	Radio Frequency Identification
SCR	Siemens Corporate Research
SDK	Software Developer Kit
SHORE™	Sophisticated Highspeed Object Recognition Engine
SLAM	Simultaneous Localization and Mapping
WYDIWYG	What you do is what you get.
ZDF	Zweites Deutsches Fernsehen

https://doi.org/10.1515/9783110756500-210

1 Einleitung

Dieses Kapitel zielt auf eine Einführung in Augmented Reality (AR) ab. Nach Lesen dieses Kapitels wissen Sie, was AR ist, und Sie kennen die Zielsetzung dieses Buchs.

1.1 Motivation

Durch die Flut an digitalen Informationen gewinnt Time-to-Content, d. h. der schnelle Zugriff auf die richtigen Informationen zur richtigen Zeit und ihre effiziente Darstellung zunehmend an Relevanz; dies gilt für betriebliche Bereiche genauso wie bei der Vermarktung neuer Produkte. Die Vermittlung derartiger Informationen erfolgt heute weitestgehend mithilfe klassischer Darstellungsformen und Materialien wie Büchern, Videofilmen, Vorträgen etc. Augmented Reality bietet eine innovative Alternative, Informationen auf völlig neue Art und Weise genau dort zu präsentieren, wo sie benötigt werden – im Blickfeld des Anwenders[1]. Diese noch relativ junge Technologie lässt erhebliche Potenziale und Effizienzsteigerungen in verschiedensten Anwendungsfeldern erkennen. (Ludwig & Reimann, 2005, S. 4)

Nahezu jedem ist heutzutage der Begriff Virtual Reality (VR) – oder Virtuelle Realität – geläufig; den Ausdruck Augmented Reality (AR) – oder Angereicherte Realität – kennen jedoch nur wenige. Während man unter Virtual Reality die Darstellung und gleichzeitige Wahrnehmung der Wirklichkeit und ihrer physikalischen Eigenschaften in einer in Echtzeit computergenerierten, interaktiven virtuellen Umgebung versteht und die reale Umwelt demzufolge ausgeschaltet wird, zielt Augmented Reality auf eine Anreicherung der bestehenden realen Welt um computergenerierte Zusatzobjekte. Im Gegensatz zu Virtual Reality werden keine gänzlich neuen Welten erschaffen, sondern die vorhandene Realität mit einer virtuellen Realität ergänzt. (Klein, 2009, S. 1)

Salopp beschrieben liegt Augmented Reality vor, wenn man etwas sieht, was nicht da ist und keine Zauberei im Spiel ist (vgl. Abb. 1.1).

Augmented Reality ist eine neue Form der Mensch-Technik-Interaktion: Virtuelle Objekte werden in reale, durch Kameras bereitgestellte Szenen in Echtzeit so eingefügt, dass sie räumlich korrekt positioniert sind und das reale Bild ergänzen. Die digitale Information verschmilzt mit der Umwelt des Benutzers; dies ermöglicht, dass der Nutzer die aktuell wichtigen Informationen direkt an dem Ort erhält und sieht, an dem er sie benötigt. Erweiterte Realität ist insbesondere immer dann unschlagbar, wenn Objekte nicht physisch verändert werden können, entweder weil

---

1 Es wird stets das generische Maskulinum verwendet.

https://doi.org/10.1515/9783110756500-001

Abb. 1.1: Uhr-Modell auf Tracker.
Quelle: (Preality, 2020)

sie nicht abschaltbar – z. B. in Produktionsanlagen – oder Unikate – z. B. in Museen – sind. (Ludwig & Reimann, 2005, S. 4)

Abhängig von Art und Ausrichtung der Anwendung – z. B. Grad der Mobilität, Infrastruktur, freihändige Bedienung – ist eine adäquate Darstellungsform auszuwählen. Wesentlich sind dabei Bildschirmgröße des Geräts, Handhabbarkeit sowie technische Umsetzung. Die Einblendung erfolgt kontextsensitiv, d. h. passend und abgeleitet vom betrachteten Objekt. So wird das reale Sichtfeld beispielsweise eines Kunden durch eingeblendete Produkthinweise oder -darstellungen um für ihn wichtige Informationen erweitert. In diesem Falle kann Augmented Reality unter anderem traditionelle Produktbeschreibungen ersetzen bzw. fallspezifisch ergänzen. (Ludwig & Reimann, 2005)

Augmented Reality setzt in der Regel auf einer einfachen Mensch-Rechner-Interaktion auf; ein reales Objekt wird mittels Kamera erfasst, über einen entsprechenden Tracker identifiziert und entsprechende computergenerierte Zusatzobjekte – wie in Abb. 1.2 Schmetterlinge und Blumen – geschaffen. Interessant an dieser Variante, die als hap.dig bezeichnet wird, ist die Kombination aus haptischem und digitalem Erlebnis: Ein haptisches Element erlaubt einen darüberhinausgehenden digitalen Zusatznutzen. Das virtuelle Objekt wird *erfahrbar*. Natürlich gibt es auch deutlich komplexere Augmented Reality Anwendungen wie z. B. virtuelle Studios (vgl. Abb. 4.2); hier erfährt der Nutzer in der Regel kein haptisches Erlebnis.

Eine Kernfunktionalität, die Augmented Reality ermöglicht, ist das Tracking bzw. die Tracking-Software – oftmals verkürzt nur Tracker genannt. Die Aufgabe der Tracking-Software besteht darin, die Umgebung zu erkennen und entsprechend zu reagieren, d. h. eine entsprechende Animation zu erzeugen. Je besser die computergenerierten Zusatzobjekte in das vorhandene Bild der Realität integriert werden, desto perfekter wird die Illusion. Zur Optimierung des Trackings sind Anordnung und Perspektive der Umgebung relativ zur Kamera möglichst genau zu erfassen.

Abb. 1.2: Augmentierte Sammelkarte.
Quelle: (BeyondReality, 2010)

Die notwendige Genauigkeit ist stets abhängig vom Anwendungsgebiet. Während bei Augmented Reality Applikationen im medizinischen Bereich Abweichungen nur Bruchteile eines Millimeters betragen dürfen, ist die Genauigkeit bei Spielen oder Anwendungen im Unterhaltungsbereich weitaus weniger relevant. (Rolland, Baillot, & Goon, 2001, S. 3 ff)

Augmented Reality ist kein vorübergehender Hype. Die Relevanz verdeutlichen die Gartner Hype Cycles; AR ist demzufolge eine Technologie von zunehmender Bedeutung und wird in allen Bereichen des Lebens auftreten als auch dieses beeinflussen.

Vergleicht man den Hype Cycle 2013 (vgl. Abb. 1.3) mit dem von 2018 (vgl. Abb. 1.4) hat Augmented Reality eine deutliche Entwicklung erfahren. So hat Augmented Reality das *Tal der Tränen* überschritten und war schon 2018 im Bereich Marktreife und Produktivität. In den neueren Cycles ab 2019 sind weder AR noch VR aufgeführt, aber AR erscheint bei Gartner als einer der *10 Top Strategical Technology Trends 2021*. Bis 2028 werden Konversationsplattformen, die die Art und Weise, wie Nutzer mit der Welt interagieren, verändern, und Technologien wie AR, Mixed Reality (MR) und VR, die die Art und Weise, wie Nutzer die Welt wahrnehmen, verändern, zu neuen immersiven Erfahrungen führen. (Gartner, 2019).

Während sich die Literatur sehr stark auf technologische Aspekte von Augmented Reality konzentriert, werden Anwendungsszenarien und entsprechende Einsatzfelder immer noch relativ selten beschrieben. Diese bilden den Fokus dieses Buchs.

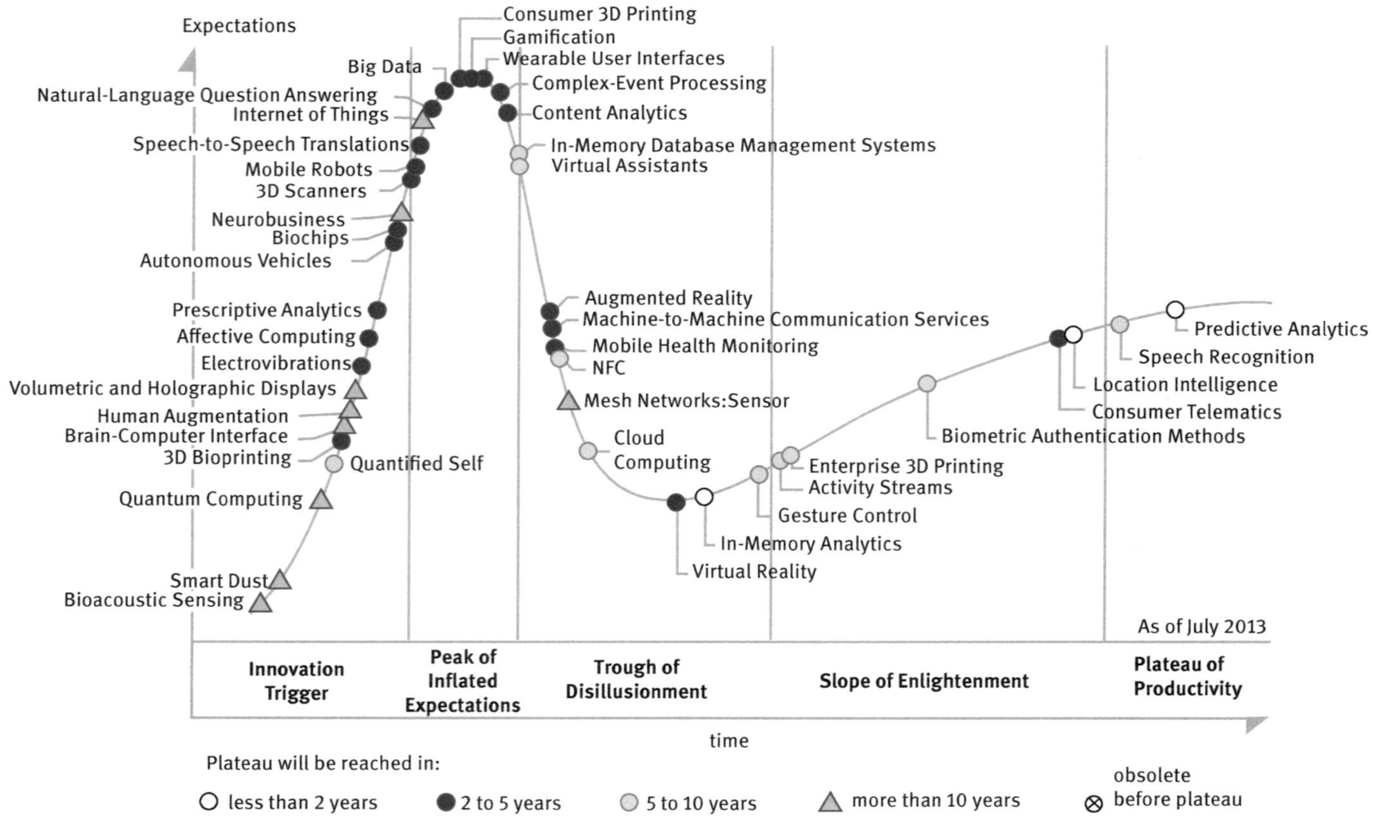

Abb. 1.3: Gartner Hype Cycle 2013.
Quelle: (Gartner, 2013)

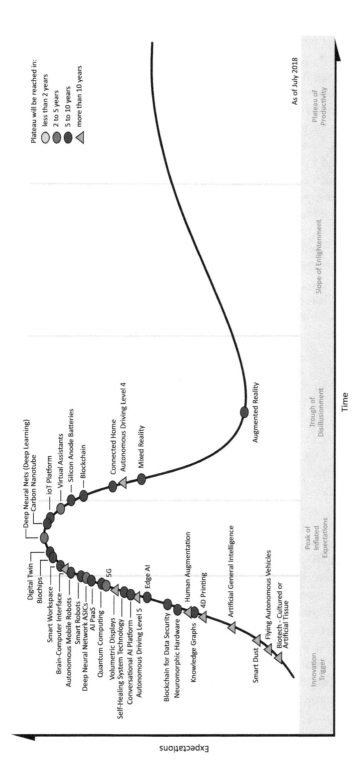

Abb. 1.4: Gartner Hype Cycle 2018.
Quelle: (Gartner, 2018)

Augmented Reality ermöglicht eine Vielzahl neuer Applikationen, deren Nutzen vor allem in einer Verschmelzung mit der Realität liegt. Einerseits lässt sich bei Entertainment orientierten Anwendungen der Spaß an der Nutzung der Anwendung durch stärkere Einbindung des Nutzers erhöhen (was u. a. auch Effektivität und Effizienz von Trainings im industriellen Umfeld erhöht), andererseits lassen sich sowohl in der Industrie als auch bei Präsentationen Informationen gezielt dort anzeigen, wo sie benötigt werden. Dies resultiert zum einen in Kosten- bzw. Zeitersparnis und zum anderen insbesondere im Kundenkontakt in einer Verbesserung des Service und damit auch zu einer positiven innovativen Wahrnehmung des Produktes und des Unternehmens. (Ludwig & Reimann, 2005, S. 15) Auch technische Applikationen, die z. B. in der Produktion eingesetzt werden, nutzen Augmented Reality, um mit dem Nutzer im weitesten Sinne besser zu kommunizieren.

Interessant ist, dass die meisten technischen Grundlagen in den 1990er Jahren entwickelt wurden, der Aspekt des unternehmerischen Einsatzes und Nutzens von Augmented Reality aber auch in den letzten Jahren in der Literatur noch kaum diskutiert wurde, obwohl die Technologie Marktreife erlangt hat. Ziel dieses Buchs ist es, diese Lücke zu schließen.

Gerade in Kombination mit mobilen Technologien gewinnt Augmented Reality kontinuierlich an Bedeutung. Aktuelle Umsetzungen von AR im mobilen Bereich zeigen bei genauer Betrachtung aber, dass es sich oftmals nicht um AR im eigentlichen Sinne handelt, sondern nur der Modebegriff AR verwendet wurde, um die Applikation attraktiver darzustellen. Erfolgt z. B. eine reine Textinformation zu Museumsöffnungszeiten, wenn das Museumsgebäude durch die Kamera des mobilen Endgeräts erfasst wird, so ist dies gemäß der Definition von AR (vgl. Abschnitt 2.1) kein Augmented Reality, da kein dreidimensionaler Bezug zwischen realen und virtuellen Objekten generiert wird.

Für den AR/VR Markt insbesondere im mobilen Bereich wird ein weltweiter Umsatz von 31 Milliarden Dollar im Jahr 2021 prognostiziert; dieser soll bis 2024 auf 297 Milliarden steigen. (xpert.digital, 2019) Entscheidend wird die technologische Entwicklung vor allem im Bereich der AR/VR-Brillen sein.

Für Unternehmen ist die Rechtfertigung für Konzeption, Entwicklung und Einsatz von AR Anwendungen ein ganz wesentlicher Aspekt. Finanzielle Mittel werden für eine neue Technologie erst und nur dann zur Verfügung gestellt, wenn deren Mehrwert für ein Unternehmen deutlich ersichtlich ist. D. h. nur wenn Augmented Reality einen Mehrwert bietet, werden die Unternehmen verstärkt auf diese Technologie und ihre Anwendungsmöglichkeiten setzen. In der Logistik ist der industrielle Einsatz von AR-Brillen bereits Alltag. So setzt z. B. Audi AR-Technologie ein, um Logistikabläufe zu visualisieren. Während bislang zur Veranschaulichung von Strukturen und Größenverhältnissen in der Regel selbst gebaute Prototypen von Behältern und Regalen und aufwändig am Boden aufgeklebte Linien verwendet wurden, die viel Vorstellungskraft erfordern, bietet AR ideale Möglichkeiten, um den Bruch zwischen realer und virtueller Welt zu schließen. (Logistik heute, 2021)

Ein wenig erinnert die derzeitige Situation um Augmented Reality an die Entwicklung des Webs. Die Tragweite dieser Technologie wurde zunächst von Unternehmen auch nicht erkannt, der Mehrwert war nicht direkt ersichtlich. Erste Projekte von Unternehmen im Bereich Web waren oftmals eher zufallsbedingt. Noch heute diskutieren viele Unternehmen darüber, ob sich ein Online-Distributionskanal für ihr Unternehmen rentiert; vor allem aus Image- und Wettbewerbsgründen erscheint ein Verzicht jedoch oftmals nicht sinnvoll.

Augmented Reality wird in den kommenden Jahren weiterhin verstärkt Eingang in das tägliche Leben finden; computergenerierte Zusatzobjekte werden so raffiniert darstellbar sein, dass dem Nutzer nicht mehr bewusst sein wird, dass ein Eintauchen in eine angereicherte Realität stattfindet. Ein erheblicher Innovationsschub für Augmented Reality wird sich durch die Entwicklung leistungsfähigerer und besser tragbarer AR-Brillen ergeben, da diese eine einfache und intuitive Handhabung von AR Applikationen möglich machen. Der endgültige Durchbruch erfolgt aber dann erst, wenn eine alltagstaugliche AR-Brille für den Endkonsumenten auf dem Markt kommt.

1.2 Zielsetzung

Zielsetzung des Buchs ist, einerseits wichtige technische Grundlagen von Augmented Reality aufzuzeigen, andererseits aber die Anwendungsmöglichkeiten und Einsatzfelder von AR im Unternehmenskontext darzustellen.

Technische Grundlagen sind bewusst auf wesentliche Aspekte beschränkt. Der Fokus liegt auf der Darstellung der Anwendungsmöglichkeiten und entsprechender Anwendungsszenarien.

In diesem Kontext ergeben sich Fragen wie z. B.

- Wieso ist Augmented Reality als zusätzliches User Interface sinnvoll?
- In welchen Einsatzbereichen in Unternehmen bietet sich AR an?
- Wie lassen sich Prozesse und Strukturen im Unternehmen durch AR Anwendungen vereinfachen und/oder verbessern?
- Welche Möglichkeiten bietet Augmented Reality zur Kommunikationsverbesserung?
- Welchen Mehrwert weist der Einsatz von AR auf?
- Wieso sollten Unternehmen in Augmented Reality investieren?

Oftmals ist es schwer, eine Technologie in ein Anwendungsszenario umzusetzen. Anhand der verschiedenen Anwendungsszenarien ergeben sich Antworten auf obige Fragestellungen. Ziel ist, Ideen für Anwendungen zu liefern, die individuell weiterentwickelt werden können.

1.3 Struktur

Wesentliche Grundlagen zu Augmented Reality werden in Kapitel 2 dargestellt; der Begriff wird abgegrenzt und definiert.

Kapitel 3 dient der Darstellung wichtiger technischer Grundlagen. Aspekte wie Tracking, Marker, Interfaces sowie Software werden erläutert und beispielhaft veranschaulicht.

Kapitel 4 fokussiert Einsatzbereiche und Anwendungsbeispiele für AR und zeigt Nutzen und Verfügbarkeit von AR Anwendungen auf.

In Kapitel 5 werden zur Kommunikation aufgezeigt.

Die Anwendungsmöglichkeiten von Augmented Reality in der Kommunikation beschreibt Kapitel 6. Insbesondere Anforderungen an eine AR Applikation werden erläutert.

In Kapitel 7 werden Anwendungsszenarien und Realisierungsstufen zu Augmented Reality sowie entsprechende Beispiele dargestellt. Diese werden nach einem einheitlichen Schema aufbereitet und klassifiziert.

Kapitel 8 dient der Diskussion der Chancen, aber auch der Risiken und Grenzen von Augmented Reality.

In Kapitel 9 werden eine Zusammenfassung und ein Ausblick gegeben.

2 Grundlagen zu Augmented Reality

Dieses Kapitel legt die Grundlagen zu Augmented Reality. Nach dem Lesen dieses Kapitels wissen
Sie, wie man Augmented Reality und Virtual Reality abgrenzt und wie die historische Entwicklung
aussieht.

2.1 Definition und Abgrenzung

Nahezu jedem ist heutzutage der Begriff Virtual Reality (VR) geläufig; den Begriff
Augmented Reality (AR) kennen jedoch nur wenige.

Während man unter *Virtual Reality* die Darstellung und gleichzeitige Wahrnehmung der Wirklichkeit
und ihrer physikalischen Eigenschaften in einer in Echtzeit computergenerierten, interaktiven, virtuellen Umgebung versteht und die reale Umwelt demzufolge ausgeschaltet wird, zielt *Augmented
Reality* auf eine Anreicherung der bestehenden realen Welt um computergenerierte Zusatzobjekte.
Im Gegensatz zu Virtual Reality werden keine gänzlich neuen Welten erschaffen, sondern die vorhandene Realität mit einer virtuellen Realität ergänzt. (Klein, 2009, S. 1)

Eine einheitliche Definition zu Augmented Reality gibt es in der Literatur nicht (Milgram, Takemura, Utsumi, & Kishino, 1994, S. 283); meistens wird auf das von Milgram
et al. entwickelte *reality-virtuality continuum* Bezug genommen. Dieses postuliert einen
stetigen Übergang zwischen realer und virtueller Umgebung. (Milgram, Takemura, Utsumi, & Kishino, 1994, S. 283)

Der linke Bereich des Kontinuums (vgl. Abb. 2.1) definiert Umgebungen, die
sich nur aus realen Objekten zusammensetzen, und beinhaltet alle Aspekte, die bei
Betrachtung einer realen Szene durch eine Person oder durch ein beliebiges Medium wie z. B. Fenster, Fotoapparat etc. beobachtet werden. (Milgram, Takemura,
Utsumi, & Kishino, 1994, S. 283) Der rechte Bereich hingegen definiert Umgebungen, die nur aus virtuellen Objekten bestehen, wie z. B. entsprechende Computer-
spiel-Simulationen. (Milgram, Takemura, Utsumi, & Kishino, 1994, S. 283)

Innerhalb dieses Frameworks wird *Mixed Reality* als eine Umgebung definiert,
in der reale und virtuelle Objekte in beliebiger Weise in einer Darstellung, d. h. zwischen den beiden Extrempunkten des Kontinuums liegend, kombiniert werden.
(Milgram & Kishino, 1994, S. 1) Bei Augmented Reality überwiegt der reale Anteil,
bei Augmented Virtuality hingegen der virtuelle Anteil (vgl. Abb. 2.1).

Während der Begriff Augmented Virtuality kaum noch auftritt, werden die Termini *Augmented Reality* und *Mixed Reality* – selten auch *Enhanced Reality* – heute
meist synonym verwendet. Die Abstufungen im Realitäts-Virtualitäts-Kontinuum
sind unter Nutzung der üblichen Termini in Abb. 2.2 visualisiert.

https://doi.org/10.1515/9783110756500-002

Mixed Reality (MR)

Reale
Umgebung

Augmented
Reality (AR)

Augmented
Virtuality (AV)

Virtuelle
Umgebung

Reality-Virtuality (RV) Continuum

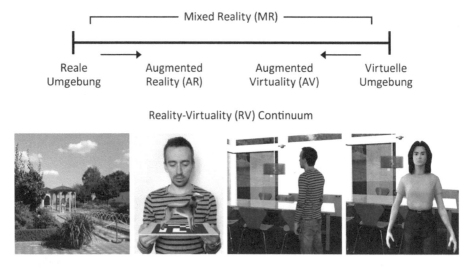

Abb. 2.1: Realitäts-Virtualitäts-Kontinuum.
Quelle: In Anlehnung an (Milgram, Takemura, Utsumi, & Kishino, 1994, S. 283)

Die Literatur verwendet meist die Definition zu Augmented Reality von Azuma:

Augmented Reality ist durch folgende Charakteristika definiert (Azuma, 1997, S. 1f):
– Kombination von virtueller Realität und realer Umwelt mit teilweiser Überlagerung
– Interaktion in Echtzeit
– Dreidimensionaler Bezug virtueller und realer Objekte

Die Möglichkeit der Interaktion mit den computergenerierten Objekten wird als wesentlicher Aspekt von Augmented Reality gesehen; teils wird sogar weitergehender von der Möglichkeit der Manipulation der Informationselemente gesprochen. (Fraunhofer IGD, 2003)

Der dreidimensionale Bezug virtueller und realer Objekte ist oftmals gerade im mobilen Bereich nicht gegeben (vgl. Abb. 7.34).

Ein Überlagern eines Objekts mit Textinformationen liefert in der Regel nur einen zweidimensionalen Bezug. In solchen Fällen spricht man von *AR im weiteren Sinne*; sind hingegen alle drei Charakteristika von Augmented Reality gegeben, von *AR im engeren Sinne*.

Problematisch an der Definition von Azuma ist jedoch, dass sie sich im Wesentlichen auf technische Merkmale konzentriert und Anwendungsaspekte vernachlässigt. Andere Arbeiten definieren Augmented Reality als eine Erweiterung der Sinneswahrnehmung des Menschen durch Sensoren von Umgebungseigenschaften, die der Mensch

Abb. 2.2: Abstufungen im Realitäts-Virtualitäts-Kontinuum.

selbst nicht wahrnehmen kann: Radar, Infrarot, Distanzbilder zählen unter anderem hierzu.

Alternativ zur Anreicherung der Realität um virtuelle Objekte kann man sich auch vorstellen, dass reale Objekte durch Überlagerung von künstlichen Objekten teilweise oder ganz verdeckt werden (vgl. Abb. 2.3). In der Literatur wird dies auch als *Mediated* oder *Dimished Reality* bezeichnet. (Azuma, 1997)

Im Bereich Augmented Reality werden die Termini *Tracking* und *Rendering* sehr häufig verwendet.

Unter *Tracking* versteht man die Erkennung und Verfolgung von Objekten; auch Bewegungsgeschwindigkeit sowie Beschleunigung oder Verzögerung der Objekte lassen sich berechnen.

Art und Weise des Tracking werden in Abschnitt 3.1 näher erläutert.

Rendering ist die Technik der visuellen Ausgabe, d. h. der Kombination realer und virtueller Objekte zu einer neuen Szene.

Das Zusammenspiel von Tracking und Rendering ist in Abb. 2.4 erläutert.

Abb. 2.3: Beispiel zu Mediated oder Dimished Reality.
Quelle: In Anlehnung an (Haller, Landerl, & Billinghurst, 2005)

Abb. 2.4: Augmented Reality – ein generisches System.

2.2 Historie

Der Beginn der Entwicklung von Augmented Reality wird in der Literatur unterschiedlich datiert (Bimber & Raskar, 2005, S. 3); einigen Quellen zufolge – wie z. B. (Blasi, 2004) – begann sie bereits in den 1950er Jahren, andere Quellen – wie z. B. (Unix, 1994) – beziehen sich auf die 1960er Jahre.

Zwischen 1957–1962 entwickelte und patentierte Morton Heilig einen Simulator namens Sensorama, der mit visuellen Effekten, Sound, Vibration und Geruch arbeitete. (Bimber & Raskar, 2005, S. 3) Das *Head-Mounted-Display* wurde 1966 von Ivan Sutherland erfunden; diese Anzeige ist ein auf dem Kopf getragenes visuelles Ausgabegerät, das am Rechner erzeugte Bilder auf einem augennahen Bildschirm darstellt oder direkt auf die Netzhaut projiziert und damit quasi ein Fenster in eine virtuelle Welt suggeriert. Jedoch war dieses Display so schwer, dass es zusätzlich von der Raumdecke getragen werden musste.

Videoplace, das Myron Krueger 1975 kreierte, erlaubte es Anwendern erstmalig, mit virtuellen Objekten zu interagieren. 1989 prägt Jaron Lanier den Begriff Virtual Reality und wird für erste kommerzielle Anwendungen genutzt. (Enderlein, 2003, S. 5)

Tom Caudell entwickelt bei Kabelverlegungsarbeiten in Flugzeugen bei Boeing Anfang der 1990er Jahre erstmalig den Begriff Augmented Reality. (Schwanck, Kuhn, & Blohm, 2007) Im selben Jahr baut L.B. Rosenberg in den U.S. Air Force Armstrong Labs eines der ersten funktionsfähigen Augmented Reality Systeme, das er Virtual Fixtures nennt, und zeigt seinen Nutzen für die menschliche Leistungsfähigkeit. (Rosenberg, 1992) (Rosenberg, 1993) Ebenfalls 1992 präsentieren Steven Feiner, Blair MacIntyre und Doree Seligmann KARMA, einen Prototyp eines Augmented Reality Systems. (Feiner, MacIntyre, & Seligmann, 1992)

1999 entwickelt Hirokazu Kato das AR Toolkit. Bruce H. Thomas erfindet mit ARQuake das erste mobile Outdoor AR Spiel, das er auf dem *International Symposium on Wearable Computers* präsentiert. (Mears, 2010)

Wikitude bringt 2008 den AR Travel Guide für das G1 Android Smartphone heraus; 2009 folgt das Drive-AR Navigation System für die Android Plattform.

ARToolKit wird 2009 in Adobe Flash (FLARToolkit) durch Saqoosha portiert; dies erlaubt die Darstellung von AR im Webbrowser. 2010 ermöglicht acrossair erstmalig Augmented Reality auf dem iPhone 3Gs. (Welt, 2009).

Die folgenden Jahre waren geprägt durch frei verfügbare Softwarebibliotheken wie z. B. ARCore, Apple Arkit oder HoloLens Toolkit und verbesserte Hardware sowohl im Bereich der Smartphones wie z. B. verbesserte Kameras und Tiefensensorik als auch der AR-Brillen wie z. B. Microsoft Hololens 1 2016 und Hololens 2 2019.

3 Technische Grundlagen

i Dieses Kapitel legt die technischen Grundlagen von Augmented Reality. Nach Lesen dieses Kapitels wissen Sie, wie das Tracking für Augmented Reality Anwendungen funktioniert, welche Interfaces genutzt werden können und welche Softwarelösungen derzeit existieren.

3.1 Tracking für Augmented Reality Anwendungen

Dieses Kapitel zielt auf die Darstellung verschiedener Tracking-Verfahren ab. Wichtig hierbei ist die Differenzierung verschiedener Markerarten mit der Benennung ihrer Vor- und Nachteile.

3.1.1 Trackingverfahren

3.1.1.1 Grundlagen

Um Augmented Reality Anwendungen zu ermöglichen, ist es notwendig, zunächst die reale Umgebung zu erfassen, um diese reale Umgebung anschließend um virtuelle Objekte zu ergänzen. Die Software, die diese Aufgabe erfüllt, wird als *Trackingsoftware* oder *Tracker* bezeichnet.

Eine perfekte Illusion wird dann erzielt, wenn die Integration der virtuellen Objekte in die reale Umgebung so genau wie möglich erfolgt. Diese Genauigkeit hängt stets vom Anwendungsgebiet ab. Während beim Einsatz in der Chirurgie eine sehr hohe Genauigkeit unbedingt erforderlich ist, ist sie beim Einsatz der AR Technologie bei einer Spielkonsole oder einem mobilen Endgerät meist nicht von entscheidender Bedeutung. (Klein, 2009) Der Tracker soll die reale Umgebung und gegebenenfalls darin befindliche Objekte erfassen und den Blickwinkel des Betrachters und/oder die Lage eines Markers (vgl. 3.1.2) im Raum möglichst genau und in Echtzeit erkennen und verfolgen.

Man unterscheidet zwischen zwei Prinzipien (Müllner, 2013, S. 29–30):
- Inside-Out-Tracking
- Beim Inside-Out-Tracking ermittelt das bewegte Objekt die Trackinginformationen selbst. Durch die Umgebung werden die Daten z. B. von Markern selbst bereitgestellt.
- Outside-In-Tracking
- Besitzt das zu trackende Objekt kein Wissen bezüglich der eigenen Position und Orientierung hat, spricht man vom Outside-In-Tracking.

https://doi.org/10.1515/9783110756500-003

Die beim Inside-Out-Prinzip verwendeten Tracker sind passiv und damit deutlich kostengünstiger und werden zunehmend favorisiert.

Um ein Tracking zu ermöglichen, werden spezifische Sensoren oder eine Kombination verschiedener Sensoren eingesetzt.

Grundsätzlich können zwei verschiedene Verfahren unterschieden werden:
Nichtvisuelles und *visuelles* Tracking.

3.1.1.2 Nichtvisuelles Tracking

Zu den nichtvisuellen Tracking-Verfahren zählen z. B. (Rolland, Baillot, & Goon, 2001)

– Kompass
  Über das magnetische Feld der Erde wird die Ausrichtung relativ zu den Erdachsen bestimmt.
– GPS
  Durch ein satellitenbasiertes Ortungssystem wird die Position des Empfangsgerätes (z. B. Smartphone) errechnet.
– Ultraschallsensoren
  Hier wird durch die Messung der Laufzeit von Ultraschallwellen zwischen mehreren Sendern und Empfängern der Abstand und somit die Position zueinander ermittelt.
– Optoelektronische Sensoren
  Die Messung des Abstands zwischen mehreren Sendern und Empfängern erfolgt über optoelektronische Sensoren; dies ist eine Sensorik im nichtsichtbaren Licht, z. B. per Infrarot.
– Trägheitssensoren
  Über verschiedene Arten trägheitsempfindlicher Sensoren wird sowohl die Neigung (Gyroskop) als auch die Bewegung entlang einer geraden Achse (Beschleunigungssensor) gemessen.

3.1.1.3 Visuelles Tracking

Visuelles Tracking wird in der Regel mit einer Videokamera in zwei Schritten erreicht:

– Initialisierung
  Das zu trackende Muster wird im Kamerabild gesucht und in der Orientierung berechnet. Der Marker muss nicht orthogonal zur Kamera ausgerichtet sein.
– Verfolgung bzw. Antizipation der möglichen Bewegung
  In diesem Schritt wird das durch die Orientierung verzerrte Bild über die nächsten Bilder des Videos verfolgt und der zu untersuchende Bereich eingeschränkt.

Beim visuellen Tracking existieren zwei Varianten:

- Die Kamera ist am Kopf des Betrachters montiert (head-mounted) und der Tracker berechnet die Kopfposition des Betrachters. Im Hinblick einer genauen Visualisierung spielt der konstante Blickwinkel zur genauen Überlagerung noch eine wichtige Rolle.
- Alternativ kann die Kamera wie z. B. die Webcam am Rechner auch festmontiert sein und der Tracker berechnet mithilfe von Bildverarbeitungsroutinen die Position der realen Objekte. So lassen sich sowohl die Position der Kamera relativ zur Szene als auch die Position und Ausrichtung darin platzierter Objekte berechnen. (Klein, 2009, S. 3 f)

Um Vor- und Nachteile der einzelnen Sensoren auszugleichen, können verschiedene Sensoren miteinander kombiniert werden (*Hybrid Tracking-System*). Um beispielsweise bei Augmented Reality Anwendungen im Außenbereich ein zuverlässiges Tracking auch unter Berücksichtigung des Aufenthaltsorts zu gewährleisten, bietet sich die Kombination visueller Tracking-Verfahren mit GPS-Sensoren und Bewegungssensoren an. (Azuma, 1997, S. 1 f)

Die visuellen Tracking-Systeme lassen sich in zwei Kategorien einteilen: (Zhao, 2003, S. 3)

- *Merkmalsbasierende Systeme*
  Der Tracker erkennt innerhalb des Videobildes zweidimensionale Punkte und errechnet daraus die Kameraposition.
- *Modellbasierende Systeme*
  Dem Tracker ist ein Referenzmodell bekannt; durch einen Abgleich mit dem Videobild wird die Position errechnet.

In der Regel werden merkmalsbasierende Systeme eingesetzt, da die Rechenleistung der eingesetzten Endgeräte (z. B. Smartphone) meist begrenzt ist. Es werden sogenannte *Marker* benutzt.

Der Tracking Prozess setzt sich in beiden Verfahren aus zwei Schritten zusammen:

1. Bearbeitung des Bilds mit dem Ziel, die wichtigen Informationen aus dem Bild zu extrahieren.
2. Bestimmung der Position anhand eines Teilausschnitts des bearbeiteten Bildes und seine Interpretation der räumlichen Lage eines immer zweidimensionalen Kamerabilds.

Starken Einfluss auf die Qualität und Genauigkeit des Trackers haben neben den Algorithmen auch die Eigenschaften der Kamera und des Bildsensors; dazu zählen Bildgröße, Farbtiefe, Bildrate oder auch mögliche Verzerrungen.

3.1.2 Visuelles Tracking künstlicher Marker

3.1.2.1 Grundlagen

Künstliche Marker sind in Augmented Reality Systemen ein weitverbreitetes Mittel, um Objekte zu markieren. Ein künstlicher Marker ist optisch optimiert, um perfekt von einem Tracker erkannt werden zu können. Zusätzlich beinhalten künstliche Marker Codes, die die an der Position des Markers anzuzeigenden Informationen festlegen (Owen, 2002).

Unter einem *Marker* versteht man ein zwei- oder dreidimensionales Objekt, das durch seine Art und Form leicht durch eine Kamera identifiziert (getrackt) werden kann.

Der Einsatz von Markern hilft, Initialisierung und Tracking zu optimieren. Die Performanz des Gesamtsystems wird vor allem durch die Erkennungsgeschwindigkeit des Trackers bestimmt. Künstliche Marker erleichtern der Tracking Engine, d. h. der entsprechenden Bildverarbeitungssoftware die Ermittlung der Position und durch ihre klare Geometrie die Ausrichtung zur Kamera.

Eine *Tracking Engine* ist eine Bildverarbeitungssoftware speziell zur Erkennung und Verfolgung von Trackern.

Darüber hinaus bieten künstliche Marker die Möglichkeit, Informationen zu transportieren, indem sie eindeutig voneinander unterschieden werden können. Dies geschieht entweder anhand unterschiedlicher Bilder, Symbole oder zweidimensionaler Barcodes. Abhängig von der Anwendung ist es wichtig, die Kameraposition genau zu ermitteln, wenn beispielsweise dreidimensionale Objekte in die Umgebung integriert werden sollen (Zhang, 2002).

Ein Marker entspricht im Idealfall allen folgenden Kriterien (Owen, 2002):
- Der Marker unterstützt den Tracker bei der Bestimmung der Position und der Ausrichtung der Kamera.
- Der Marker ist unabhängig von seiner Ausrichtung optimal erkennbar.
- Der Marker ist Teil einer Reihe leicht unterscheidbarer Marker, um eine große Anzahl von Objekten markieren zu können.
- Der Marker lässt sich einfach und ohne großen Rechenaufwand erkennen und identifizieren.
- Der Marker wird auch über eine größere Entfernung von der Kamera erfasst.

Ein Marker wird durch die folgenden Eigenschaften bestimmt (Owen, 2002):
- Form

  Um die Position eines Objekts im dreidimensionalen Raum eindeutig bestimmen zu können, werden mindestens vier nicht lineare Punkte benötigt. Diese Punkte sind idealerweise die Eckpunkte eines Quadrates, um bei jeder Ausrichtung gleich gut erkannt werden zu können. Dies bedeutet nicht, dass der gesamte Marker eine quadratische Form aufweisen muss. Da künstliche Marker jedoch in vielen Fällen einen Rahmen haben, ist es ideal, wenn dieser die Form eines Quadrates hat.

– Farben

Auch wenn farbige Marker eine größere Vielfalt als monochrome Marker erlauben, gibt es technische Gründe, die dagegensprechen. Viele digitale Kamerasysteme bilden das menschliche Sehen nach, das sensibler auf Luminanz (Helligkeit) als auf Chrominanz (Farbigkeit) reagiert. Es liegen daher pro Bild mehr Helligkeits- als Farbinformationen vor. Ein monochromer Marker ermöglicht es zudem, reine Graustufenbilder zu analysieren, was zum einen den Speicherverbrauch reduziert und zum anderen die Verwendung effizienterer Algorithmen ermöglicht.

– Position

Ausgehend von einem schwarzen Rahmen, der den Marker begrenzt, ist es ideal, wenn sich dieser auf einem weißen Hintergrund befindet. Der erzielte Kontrast ist so am höchsten und die Erkennung der Kanten des Markers wird vereinfacht. Dieser Kontrast von Schwarz und Weiß lässt sich leicht durch den Ausdruck des Markers auf weißem Untergrund erzielen.

– Identifizierung

Um die Marker differenzieren zu können, müssen sich im Inneren des Rahmens leicht unterscheidbare Bilder befinden. Um sowohl eine große Anzahl verschiedener Marker zur Verfügung zu haben als auch die Korrelation zwischen den einzelnen Bildern so gering wie möglich zu halten, ist die Verwendung eines zweidimensionalen Barcodes die beste Lösung.

Folgende Marker wurden für den Einsatz in AR Systemen entwickelt: (Zhang, 2002), (Wagner, 2007)

– ARToolkit Marker
– HOM Marker
– IGD Marker
– SCR Marker
– Frame Marker
– Split Marker
– DOT Marker

3.1.3 Visuelles Tracking ohne Marker

Die Verwendung künstlicher Marker ist nicht immer von Vorteil oder bei bestimmten Anwendungen auch aus ästhetischen Gründen schlicht unerwünscht. Bei umfangreichen Umgebungen müssen so beispielsweise große Mengen künstlicher Marker platziert werden. (Klein, 2009) Um diesem Problem entgegenzutreten, werden mehr und mehr sogenannte marker-less Trackingverfahren erarbeitet, d. h. Trackingverfahren, die auf künstliche Marker verzichten. Als Anhaltspunkte werden hierbei in der Szene auftretende, natürliche Formen verwendet. (Tönnis, 2010, S. 51) Hierzu zählen beispielsweise Linien, Punkte und Kreise.

Eine weitere Entwicklung visueller Tracking Systeme sind modellbasierte Verfahren. Im einfachsten Falle liegt hierbei ein zweidimensionales Template eines zu erfassenden Objekts vor, d. h. ein zweidimensionales Abbild der Oberfläche des zu erfassenden Objektes. Anhand von bekannten Features auf der Oberfläche wird das Objekt erkannt und das Tracking initialisiert. (Uenohara, 1995) Diese Art von Marker bezeichnet man als *2D Marker* oder *Texturmarker*.

Der Tracker erkennt hierbei die Kanten der bekannten Objekte und ordnet sie den Objekten innerhalb des CAD-Modells zu. Das Wissen über Aufbau und Anordnung der Szene erhöht die Zuverlässigkeit und Performanz des Trackers. Dieser Ansatz ermöglicht es zudem, auch die Bewegung verdeckter Objekte besser vorhersagen zu können. (Zhou, 2008)

Statt jedoch eine komplette Umgebung in Form eines CAD-Modells erstellen zu müssen, kann das Tracking auch anhand eines CAD-Modells initialisiert werden. Dazu befindet sich in der Umgebung ein Objekt, dessen CAD-Modell vorliegt. Mithilfe dieses Modells wird nun die Position und Richtung der Kamera bestimmt. Anschließend sucht sich das System Features in der Umgebung, mit denen das Tracking fortgeführt wird. Dieser Ansatz funktioniert auch in sich dynamisch ändernden bzw. weitgehend unbekannten Umgebungen. (Bleser, 2006)

Eine Weiterentwicklung ist das sogenannte *SLAM-Verfahren* (Simultaneous Localization and Mapping). Bei diesem – in der Roboterforschung entwickelten – Verfahren wird gänzlich auf Marker verzichtet. Dieses jedoch sehr rechenaufwendige Verfahren – oft auch als *Natural Feature Recognition* (NFR) bezeichnet – ermöglicht das Erkennen völlig unbekannter Umgebungen (vgl. Abb. 3.1 und Abb. 3.2). (Wagner, 2009)

Das *PTAM-Verfahren* (Parallel Tracking and Mapping) benötigt ebenfalls weder künstliche Marker noch spezielle Sensoren. Durch das Aufnehmen einer natürlichen Umgebung aus verschiedenen Perspektiven, was heutige Tiefenkameras ermöglichen, ist auch mit einer Kamera in mobilen Geräten die Berechnung des Umgebungszustands möglich. (Klein, 2010)

Die Vorgehensweise ist dabei wie folgt (Gordon & Lowe, 2006):

- Die Kamera erfasst die Umgebung aus mehreren räumlichen Positionen.
- Aus diesen zweidimensionalen Bildern wird ein Objekt identifiziert.
- In iterativen Rechenprozessen werden die Umgebung rekonstruiert und Veränderungen erkannt.
- Aufgrund dieser Daten und der Kamera-Parameter lässt sich die genaue Lage berechnen.
- In dieses Modell werden die virtuellen Objekte platziert.

Abb. 3.1: Natural Feature Recognition – Ergebnis des Trackings.
Quelle: In Anlehnung an (Klein & Murray, 2010)

Abb. 3.2: Natural Feature Recognition – die Kombination mit dem virtuellen Objekt.
Quelle: (Skrypnyk & Lowe, 2004)

3.1.4 Face Tracking

Eine besondere Form der Erkennung ist das Erkennen und gegebenenfalls Identifizieren von Gesichtern (*Face Tracking*).

Als *Face Tracking* bezeichnet man das automatisierte Erkennen von Gesichtern in visuellen Medien.

Gesichtserkennung per Computer wird schon seit mehr als 30 Jahren erforscht und führt zu guten Ergebnissen. Die Technologie findet in unterschiedlichen Bereichen Anwendung. (Zhao, 2003)

- Entertainment (Video-Spiele, AR Anwendungen, Trainingsprogramme)
- Identifikation (Pässe, Führerscheine, ID Cards)
- Informationszugang (Rechner-Authentifizierung, Intranet-Zugang)
- Sicherheitsanwendungen (Eingangskontrollen, Gewaltprävention)

Die Trefferquote der Gesichtserkennung hängt im Wesentlichen davon ab, ob das Gesicht in einer standardisierten Form und Größe übergeben wird oder aus einer alltäglichen Situation zu extrahieren ist. Grundsätzlich unterscheidet man zwei Verfahren für Face Tracking (vgl. Abb. 3.3 und Abb. 3.4):

- Musterbasierte Ansätze
  Bei den musterbasierten Ansätzen (Feature-based Approaches) wird von bestimmten allgemeinen Merkmalen des Gesichts wie dem Verhältnis von Breite zu Höhe, der Position der Augen, des Abstands einzelner Gesichtsmerkmale zueinander ausgegangen.
- Bildbasierende Verfahren
  Bildbasierende Verfahren setzen Verfahren der Mustererkennung (Principal Components Analysis) basierend auf neuronalen Netzen oder statischen Informationen ein. (Baur, 2006)

Nach dem Erkennen des Gesichts können unterschiedlichste Transaktionen und Manipulationen des Gesichtes im Rechner erfolgen. Dreht der Betrachter aber den Kopf, geht die Erkennung des Gesichtes in der Regel verloren, d. h. der Betrachter muss frontal in die Kamera sehen. Für viele Anwendungen im AR Bereich ist *Face Detection* völlig ausreichend.

Die Begriffe *Face Detection*, *Facial Feature Extraction* sowie *Face Recognition* lassen sich wie folgt voneinander abgrenzen:

- Unter *Face Detection* versteht man die Lokalisierung eines Gesichts in einem gegebenen Bild.
- *Facial Feature Extraction* beschreibt das Extrahieren von Merkmalen eines Gesichts.
- *Face Recognition* ist die Ermittlung der Identität einer Person anhand ihrer Gesichtsmerkmale.

Face Recognition gewinnt zunehmend an Bedeutung und kommt heute oftmals bei der Anmeldung auf Rechnern, Smartphones oder Tablets zur Anwendung.

Eine höhere Trefferquote und vor allem eine bessere Erkennung auch bei Bewegungen und Veränderungen der Lichtverhältnisse wird durch das sogenannte *Elastic Bunch Graph Matching* erreicht. (Wiskott, Fellous, Krueger, & von der Malsburg, 1999) Bei diesem Verfahren wird auf ein Gesicht ein Raster aus Knoten und Kanten gelegt. Dieser musterbasierte Ansatz erzielt hohe Erkennungsraten. Da nicht nur ein zweidimensionales, sondern ein dreidimensionales Bild erzeugt wird, ist ein Hinzufügen weiterer 3D-Objekte einfach möglich. (siehe Kapitel 7.1.3) Diese Verfahren zur Gesichtserkennung werden stetig optimiert.

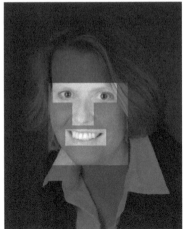

Abb. 3.3: Muster- vs. Bild-basierter Ansatz.
Quelle: In Anlehnung an (Brunelli & Poggio, 1993)

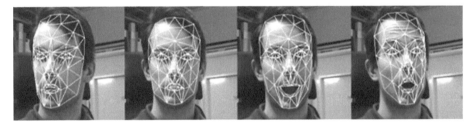

Abb. 3.4: Verfahren zur Gesichtserkennung.
Quelle: (Edwards, 2001)

Möglich ist auch, Gruppen von Personen geschlechts- und altersspezifisch zu erkennen. (DeCarlo & Metaxas, 2000) Aufgrund dieser Informationen können Informationsangebote, z. B. im öffentlichen Raum, zielgruppengenau initiiert werden (siehe Kapitel 7.6).

Der nächste Schritt ist die Fähigkeit der Systeme, Gesichter einer bekannten Person zuzuordnen. Dazu wird das ermittelte Gesicht mit einer Gesichtsdatenbank verglichen. Abhängig von der erkannten Person können unterschiedlichste Aktionen ausgelöst werden. Abb. 3.5 veranschaulicht die drei Stufen der Gesichtserkennung.

Mit *SHORE*^{TM} vom Fraunhofer IIS (Institut für Integrierte Schaltungen Erlangen) steht eine Software-Bibliothek zur Gesichtserkennung und Objektdetektion zur Verfügung. Bei dieser Lösung ist es möglich, auch bei in der Ebene bis zu 60° gedrehten Gesichtern diese zu erkennen. Die Erkennung des Geschlechts und des Alters des detektierten (getrackten) Gesichts ist ebenfalls gewährleistet. Darüber hinaus können Merkmale der Mimik wie Lachen, Mund/Augen geschlossen oder

offen erkannt und ausgewertet werden. Diese Informationen lassen sich anschließend statistisch analysieren oder als Content bei elektronischen Anzeigesystemen
steuern (siehe Abschnitt 7.6). Eine Wiedererkennung von Gesichtern ist mit
SHORE™ ebenfalls möglich.

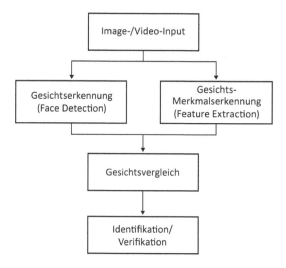

Abb. 3.5: Aufbau eines generischen Face Tracking-Systems.

Die Einzelhandelskette Tesco in Großbritannien setzt Face Tracking auch ein. Dort
werden an Tankstellen Kunden nicht nur gefilmt, sondern auch deren Augen digital
erfasst. Auf dieser Grundlage entscheidet das Programm *Optimeyes*, welche kurzen
Werbespots ihnen auf einem Bildschirm gezeigt werden. (Brühl, 2013) ADIDAS setzt
Face-Tracking-Software ein, um Geschlecht und Alter seiner Kunden zu erkennen.
Abhängig vom Ergebnis werden auf einem Display entsprechende Sportschuhe präsentiert. (Wadhwa, 2012). In Japan erkennt ein System Passanten und bietet passende Getränke an (Knüsel, 2021) (vgl. Abb. 3.6).

3.2 Interfaces

3.2.1 Definition

Zur Nutzung der AR Technologie wurden unterschiedlichste User-Interfaces entwickelt. Abhängig vom Anwendungsfall werden verschiedene Projektionsverfahren
der virtuellen Objekte in die reale Umgebung eingesetzt. (Klein, 2009)

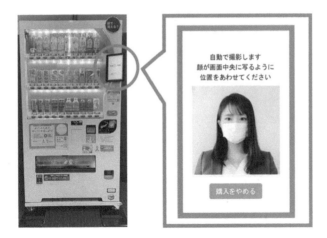

自動で撮影します
顔が画面中央に写るように
位置をあわせてください

購入をやめる

Abb. 3.6: Japanischer Getränkeautomat mit Gesichtserkennung.
Quelle: (Knüsel, 2021)

Unter einem Interface versteht man allgemein die Schnittstelle zwischen Softwareprodukt und Endbenutzer, d. h. die von Seiten des Softwareprodukts vorgegebene Art und Weise der Interaktion
(z. B. Führung des Benutzers, Möglichkeiten des Benutzers, selbst initiativ zu werden, Menütechnik, Maske). (Siepermann & Lackes, 2014)

3.2.2 Bildschirmdarstellung

Der einfachste Ansatz ist die *Bildschirmdarstellung*; bei dieser Methode der Darstellung wird das virtuelle Objekt, nachdem ein Marker von einer Kamera erfasst
wurde, auf den Bildschirm projiziert (vgl. Abb. 3.7). Der Tracker ist in der Lage, bei
einer Bewegung des Markers diese nachzuvollziehen und das virtuelle Objekt weiterhin lagegerecht darzustellen. Die Projektion erfolgt dann auf einem normalen
Display eines Rechners.

Da die Ausgabe über eine handelsübliche Graphikkarte erfolgt, ist der Anschluss
von Projektoren oder größeren Displays unproblematisch.

Die Tracking-Software scannt in kurzen Intervallen die Umgebung und sucht
einen oder mehrere vordefinierte Marker. Dies können künstliche Marker oder Bildmarker sein. Die Komposition aus Marker, restlicher natürlicher Umgebung und virtuellem
Objekt wird projiziert. Durch Manipulation des Markers wie z. B. Drehen oder Verdecken bestimmter Bereiche durch den Benutzer können unterschiedliche Aktionen ausgelöst werden. Beispielsweise ändert sich die Farbe des Objekts (vgl. Abb. 3.8).

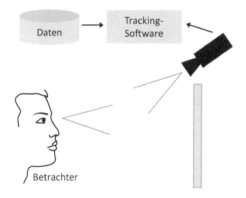

Abb. 3.7: Funktionsweise Bildschirmprojektion.

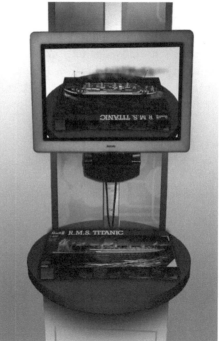

Abb. 3.8: Beispiele zur Bildschirmdarstellung.
Quelle: (Aurea, 2010)

Vor- und Nachteile dieses Verfahrens sind:
- Vorteile:
  - Es werden handelsübliche WebCams sowie Smartphones verwendet.
  - Im Vergleich zu anderen Verfahren ist nur eine geringe Rechenleistung notwendig.

  – Durch das Agieren des Benutzers mit dem Tracker (Printmedium) erfährt
    dieser ein haptisches Erlebnis (hap.dig).
  – Der Benutzer benötigt keine Lernphase.
– Nachteile:
  – Die Interaktion des Benutzers ist auf den Marker begrenzt.
  – Die Anzahl der Marker ist – vor allem bei der Verwendung von Bild-/Textur-
    markern – begrenzt.
  – Die Sicht des Benutzers auf ein feststehendes Medium (Bildschirm, Projekti-
    onsfläche) muss gegeben sein.

3.2.3 Head-Mounted-Display

Beim *Head-Mounted-Display*-Prinzip (HDM-Prinzip) ist die Kamera am Kopf des Betrachters montiert. Dadurch kann diese bei Kopfbewegungen die reale Umgebung
erfassen und entweder nach Markern oder natürlichen Formen – marker-based
oder marker-less – suchen. Die Projektion erfolgt auf ein Display, das direkt vor den
Augen des Betrachters montiert ist. Das Rendering aus realen und virtuellen Bildern
wird in seiner Gesamtheit auf das Display projiziert (siehe Abb. 3.9).

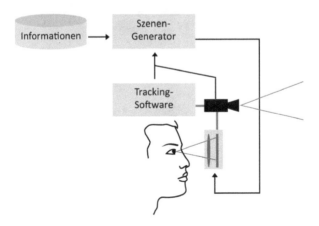

Abb. 3.9: Funktionsweise Head-Mounted-Display ohne See-through-Funktionalität.

Alternativ kann der Betrachter durch ein sogenanntes *See-Through-Display* die reale
Umgebung erkennen; lediglich die virtuellen Objekte werden zusätzlich in das Display projiziert (siehe Abb. 3.10). Der Benutzer kann sich im Raum frei bewegen und
durch Kopfbewegungen bestimmte Zonen im Raum fokussieren.

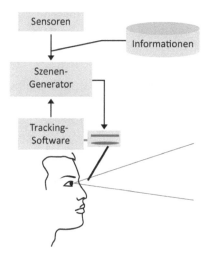

Abb. 3.10: Funktionsweise Head-Mounted-Display mit See-through-Funktionalität.

Wegen der Ähnlichkeit zu einer Brille laufen Head-Mounted-Displays mit See-through Funktionalität heute auch häufig unter dem Begriff *Data-See-Through Glasses* oder *Datenbrille* (vgl. Abb. 3.11).

Abb. 3.11: Microsoft Hololens 2, Meta Projekt Aria.
Quelle: (Microsoft, 2021a), (Meta, 2020)

Vor- und Nachteile des Head-Mounted-Displays sind:
- Vorteile:
  - Die freie Bewegung des Benutzers im Raum wird ermöglicht.
  - Ein Marker ist nicht notwendig.
  - Der Benutzer kann beliebige reale Objekte bearbeiten und erhält dadurch gegebenenfalls neue (virtuelle) Informationen.

- Nachteile:
  - Der Benutzer muss sämtliches Equipment (Kamera, Display und Rechner) am Körper tragen.
  - Der Rechenaufwand ist hoch.
  - Durch die zeitliche Verschiebung der realen Bewegung und der Darstellung auf dem Display können Orientierungsschwierigkeiten des Benutzers im Raum und eventuelles Schwindelgefühl auftreten. Dies wird bei der See-through-Projektion vermieden.
  - Das projizierte Bild auf das Display ist immer schlechter als die Realität; dies gilt auch für die See-through-Projektion. Durch den *Brilleneffekt* wird die Sicht etwas eingeschränkt.
  - Ohne See-through-Funktionalität kommt es zu Parallaxenfehlern, d. h. durch den unterschiedlichen Blickwinkel von Head-Mounted-Display und Betrachter entspricht der ersichtliche Bildausschnitt nicht dem tatsächlichen, augmentierten Bild.
  - Der Kontrast ist relativ schlecht.

3.2.4 Head-Up-Display

Die Technologie des *Head-Up-Displays* wurde ursprünglich für den militärischen Einsatz in der Luftfahrt entwickelt; zusätzliche Informationen werden dem Piloten in die Frontscheibe projiziert. Der Benutzer sieht die gespiegelte Information der bildgebenden Einheit und gleichzeitig die reale Welt (vgl. Abb. 3.12). Um eine zusätzliche Lichtquelle überflüssig zu machen, werden teilweise kleine Bildröhren eingesetzt. Diese Technologie benötigt grundsätzlich keine Marker und es wird in der Regel auch kein Tracking eingesetzt. Seit dem Einsatz dieser Systeme im Automobilbereich (z. B. das Head-Up-Display von BMW) wird die Darstellung durch Informationen aus der Umwelt (z. B. Verkehrsschildererkennung) gesteuert.
Vor- und Nachteile des Head-Up-Displays sind:
- Vorteile:
  - Zusatzinformationen werden ohne Aktivität seitens des Benutzers erzeugt.
  - Der Benutzer muss seinen Blick nicht abwenden.
- Nachteile:
  - Der Benutzer wird durch zu viele Zusatzinformationen abgelenkt und ist gegebenenfalls überfordert.
  - Das Verfahren ist technisch sehr aufwendig.
  - Rechtliche Fragen wie z. B. die Frage der Haftung bei Fehlinformationen durch fehlerhafte Einblendungen sind nicht geklärt.

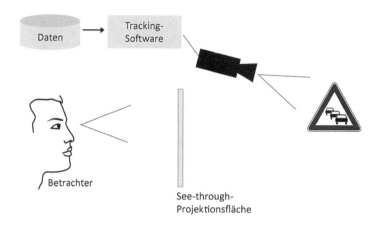

Abb. 3.12: Funktionsweise Head-Up-Display.

3.2.5 Kontaktlinsen

Eine neue Entwicklung, um virtuelle Objekte in die reale Umgebung zu integrieren, ist der Einsatz spezieller *Kontaktlinsen* (Mojo, 2021). Zur Projektion werden LEDs eingesetzt (vgl. Abb. 3.13).

Abb. 3.13: Kontaktlinse mit AR-Funktionalität. Quelle: (Mojo, 2021)

Seit mehr als zehn Jahren forscht Mojo Vision an der Kontaktlinse Mojo Lens mit dem Ziel, einen unsichtbaren Computer zu entwickeln, der VR- und AR-Brillen eines Tages überflüssig machen könnte. Als Entwicklungs- und Herstellungspartner konnte Mojo Vision den japanischen Linsenhersteller Menicon gewinnen. Das Kernstück der Mojo Lens ist ein sechseckiges Display, das in etwa die Größe eines Sandkorns hat. Es projiziert Texte, Grafiken und Videos in grüner Farbe direkt auf die Retina. Das funktioniert selbst dann, wenn man die Augen schließt. (Mojo, 2021)

3.2.6 Mobile Geräte

Mobile Endgeräte werden zunehmend für AR Anwendungen genutzt. Dies gilt vor allem für Smartphones und Tablets, aber auch AR-Brillen vor allem im industrielen Bereich. Heutige Smartphones und Tablets verfügen in der Regel über zwei Kameras, so dass nicht nur die Umgebung, sondern auch der Betrachter selbst getrackt werden kann. Damit kann man z. B. das Gesicht des Betrachters scannen und dann in (reales) Werbeplakat integrieren; gegebenenfalls kann die Augmentierung sogar abhängig vom Alter und Geschlecht des Betrachters erfolgen (vgl. Abb. 3.14).

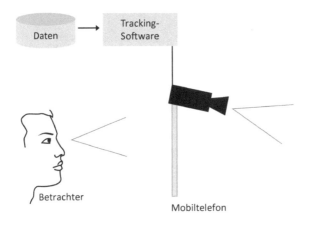

Abb. 3.14: Funktionsweise Smartphone und Augmented Reality.

Vor- und Nachteile der Funktionsweise von mobilen Endgeräten und AR sind:
- Vorteile
  - Kamera und Display sind in richtiger Position.
  - Mobile Endgeräte sind leicht transportierbar.
  - Mobile Endgeräte sind weit verbreitet.
  - Mobile Endgeräte sind in der Regel serienmäßig bereits mit GPS-Funktionalität, Bewegungssensoren und/oder Kompass ausgestattet.
- Nachteile:
  - Die Prozessorleistung mobiler Endgeräte ist begrenzt.
  - Der Einsatz von Brillen ist im öffentlichen Raum teilweise nicht erlaubt.

3.3 Software

3.3.1 AR Softwarelösungen

Zur Realisierung von Augmented Reality Anwendungen gibt es am Markt unterschiedliche Anbieter. Die Entwicklungen im Bereich AR Software sind sehr dynamisch. Anfänglich entstanden viele Softwarebausteine an Universitäten und Forschungseinrichtungen wie z. B. das AR Toolkit der Universität von Washington. Inzwischen bieten viele Unternehmen eigene Toolkits an:
–   Layar SDK für iOS und Android Apps.
–   Vuforia Augmented Reality SDK, das frühere Software Development Kit von Qualcomm's für mobile Anwendungen.
–   Wikitude SDK für Browser-Apps.
–   ARKit von Apple für iOS.
–   ARCore von Google für Android.

Die angebotenen Softwarekomponenten in ihrer Leistungsfähigkeit zu vergleichen, ist schwierig, da der Einsatz von AR Applikationen stark von der Art des Trackings, der benutzten Hardware (PC, Tablet, Smartphone, AR-Brille) und der Steuerung der Anwendung abhängt. Die Entwicklung einer AR Anwendung läuft im Wesentlichen in drei Schritten ab:
1. Schritt
   Definition und Registrierung des Zielobjektes.
   Das Zielobjekt (vordefiniertes Objekt) kann ein zweidimensionales Objekt – z. B. ein Bild oder Logo – oder ein dreidimensionales Objekt – z. B. eine Verpackung – sein, das mit AR Elementen zu augmentieren ist.
2. Schritt
   Erkennung des Objektes und Ermittlung der korrekten Position im Raum mit oder ohne Marker (Tracking/Objektlokalisierung).
3. Schritt
   Überlagerung des Zielobjektes mit den virtuellen Objekten wie z. B. mit dreidimensionalen Objekten, Audio- oder Videosequenzen, Bildern etc. (Rendering/Augmentierung).

Die Zielobjekte – in Abb. 3.15 ein Autoprospekt – können in gängigen Graphiksuiten erstellt werden. In vielen Fällen liegen diese bereits als Bild- oder CAD-Datei vor. Dies hat den Vorteil, dass Produktionskosten gespart oder ein im Rahmen einer AR Applikation entwickeltes Modell für weitere Anwendungen im Unternehmen benutzt werden können.
   Die Art und Weise der Augmentierung der Objekte wird in Authoring-Komponenten definiert; dabei werden zum Teil auch Script-Sprachen wie z. B. LUA eingesetzt. Damit der Benutzer die erweiterte Realität sehen kann, sind entsprechende *Player* notwendig.

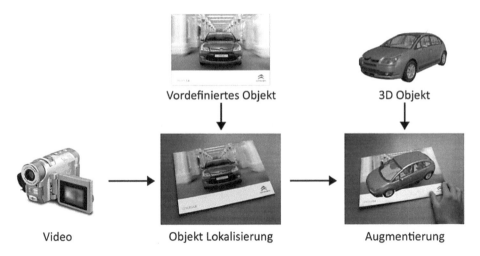

Abb. 3.15: Grundsätzliche Vorgehensweise einer AR Anwendung.

Diese Komponenten laufen dann auf der entsprechenden Hardware (PC, Smartphone, Brille, etc.) ab. Gerade der Player ist stark vom gewünschten Anwendungsszenario abhängig:

– Bei festinstallierten Anwendungen ist der Player im angeschlossenen Rechner installiert (und lizensiert).
– Bei verteilten Anwendungen, d. h. auch bei @Home-Anwendungen wird der Player in eine ausführbare Datei eingebunden, die auch die Objekte und Szenarien enthält.
– Bei Webanwendungen wiederum wird der Player als Plug-In geliefert.
– Bei Anwendungen im Smartphone-Bereich werden die gängigen Technologien (z. B. GoogleApps) eingesetzt. Layar ist beispielsweise ein AR Browser, der entsprechende Anwendungen auf dem iPhone oder dem Android-System unterstützt. (LayAR, 2010)

3.3.2 Augmented Reality in der Cloud

Die AR Cloud ist die logische Weiterentwicklung für Augmented Reality. Werden innerhalb eines AR-Events virtuelle Objekte platziert, werden diese persistent gespeichert und ermöglichen so auch zu einem späteren Zeitpunkt den Zugriff auf die Objekte. Die Objekte bleiben in ihrer Originalposition erhalten und stellen einen Bezug zur physischen Umgebung her. Diese Vorgehensweise wird bereits in AR-Brillen realisiert. Die Positionierung der Objekte erfolgt durch Bildverarbeitung und Scan-Prozesse. Das längerfristige Ziel ist, die gesamte Welt mit einem digitalen Modell zu überlagern und digitale Daten an einem fixen Ort zu verankern.

Die AR Cloud setzt auf drei Hauptkomponenten auf (Bitforge, 2021):
- Eine maschinenlesbare, realitätsgetreue Abbildung der Welt.
- Devices, die sich immer und überall sofort an diesem Abbild ausrichten können.
- Die Möglichkeit, Inhalte im Modell zu platzieren und damit zu interagieren.

Diese Technologie kann ähnlich bedeutend wie das Internet an sich werden. Der Benutzer hält zukünftig sein Gerät direkt auf das Objekt, zu dem er gerne mehr erfahren möchte, um sich die gesuchten passenden Informationen direkt anzeigen zu lassen. Diese werden in Augmented Reality visualisiert. Ein Ansatz ist das bereits erwähnte *Metaversum*.

Die Cloud dient der Bereitstellung von Markern und anderen Objekten. Ausgelöst wird die Applikation typischerweise durch die Frontkamera des mobilen Endgeräts. Welche Aktion durch das Erkennen eines Markers, sprich Targets, initiiert wird, liegt in der Hand des Entwicklers. Dazu sind nicht zwangsläufig Programmierkenntnisse notwendig. In der Regel sind diese neuen Lösungen mit Autoren- und Content-Management-Systemen gekoppelt, so dass sich einfache AR Applikationen schnell und unkompliziert zusammenstellen lassen – vom Schwierigkeitsgrad vergleichbar der Erstellung animierter Powerpoint-Präsentationen.

Die Erstellung einer Anwendung erfolgt im Wesentlichen in drei Schritten:
1. Definition des Zielobjekts (Target)
   Dies erfolgt z. B. durch einfaches Abfotografieren eines Bildes in einer Publikation wie z. B. einer Prospektseite; das Target ist also ein klassischer Bildmarker. Es ist aber auch der Einsatz von Frame-Markern möglich (vgl. Kapitel 3.1.2).
2. Entwicklung des Event-Objekts (Experience)
   Dies können z. B. Videos, 2D- oder 3D-Objekte, Slideshows sein. Dazu bieten einige Hersteller auch entsprechende Tools an.
3. Entwicklung der App (Development)
   Entweder wird eine spezielle App mit entsprechenden Tools entwickelt– oder es gibt nur eine universelle *Präsentationsapp*, die in der Lage ist, verschiedene Events zu unterstützen. Hier sind die Möglichkeiten zwar begrenzt, aber es ist kein Programmieraufwand notwendig.

4 Einsatzbereiche und Anwendungsbeispiele für AR

ℹ️ Dieses Kapitel zeigt auf, welche Anwendungsbereiche für Augmented Reality derzeit existieren und sich zukünftig entwickeln werden. Ebenso werden Nutzen und Verfügbarkeit von Augmented Reality beschrieben.

4.1 Einsatzbereiche und Anwendungsbeispiele

4.1.1 Überblick

Augmented Reality kann in nahezu allen Bereichen des Alltags zum Einsatz kommen; dabei weisen viele Anwendungen eher spielerischen Charakter auf. Die Nutzung von Augmented Reality führt in vielen Bereichen wie z. B. in der Medizin, Produktion, Konstruktion oder Logistik zu deutlichen Vorteilen. Typische Beispiele sind minimalinvasive Operationen mittels *Röntgenblick*, Assistenzsysteme bei komplizierten Operationen oder das Training mit Patientendaten an Dummies. Designer könnten mit real und virtuell anwesenden Kollegen an demselben dreidimensionalen Modell kollaborieren.

Auch im Unternehmensumfeld sind viele Anwendungen in Produktion, Konstruktion oder Logistik möglich. Einsatzmöglichkeiten von AR in der Industrie sind vor allem:
– Optimierung und Beschleunigung industrieller Prozesse
– Planungsstand unmittelbar darstellen und absichern
– Kollisionskontrolle
– Beurteilung des Designs neuer Bauteile am bestehenden Produkt
– Virtuelle Anleitung unmittelbar am realen Produkt
– Höheres Verständnis von komplexen Produkten oder Prozessen
– Vereinfachter Soll-Ist-Vergleich
– Verbesserung der teaminternen Kommunikation

Insbesondere auch die Kommunikation mit Kunden lässt sich verbessern. Herkömmliche Anzeigen erfahren durch die Einbindung von Augmented Reality eine interaktive Komponente, die einen Zusatznutzen bietet. Produktkataloge lassen sich entsprechend anreichern und bieten dem Kunden einen Mehrwert, wie das Beispiel von Citroën Picasso verdeutlicht (vgl. Abb. 4.1).

Wesentlich aufwendigere Lösungen sind Virtuelle Studios, wie sie z. B. das ZDF einsetzt (vgl. Abb. 4.2). Hierbei handelt es sich um virtuelle Sets, in denen reale Darsteller in Echtzeit mit einer virtuellen Realität kombiniert werden.

https://doi.org/10.1515/9783110756500-004

Abb. 4.1: Um Augmented Reality ergänzter Prospekt (Citroën Picasso).
Quelle: (Aurea, 2010)

Je weiter sich die Technologie entwickelt, desto komplexere und interessantere Anwendungsszenarien sind realisierbar. Dazu gehören insbesondere elektronische Geräte, die nur virtuell existieren, aber auf reale Berührungen reagieren und künstliche Sinneserweiterungen wie *Röntgenblick* und Computerspiele in freiem Gelände ermöglichen. (Zeit, 2010), (Singularity Hub, 2010) Augmented Reality bietet Hilfestellung bei komplexen und diffizilen Aufgaben; dazu zählen insbesondere Anwendungen in der Medizin, in der Konstruktion oder bei der Wartung von Maschinen (Kipper & Rampolla, 2013, S. 14–20):

– Wartungsbereich
  – Durch Anzeigen von wichtigen Zusatzinformationen auf Bedarf hin können schwierige Aufgaben leichter, sicherer und qualitativ hochwertiger erfüllt werden.

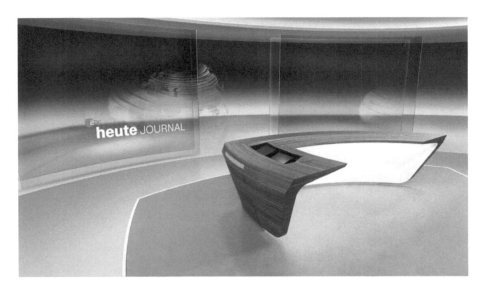

Abb. 4.2: Virtuelles Studio des ZDF heute Journals.
Quelle: (Invidis, 2021)

- Beispielsweise lässt sich ein Wartungstechniker auf Basis einer Explosions-zeichnung das zu reparierende Gerät in 3D anzeigen, bewegt und dreht die-ses beliebig, so dass er einen besseren Eindruck gewinnt und die Reparatur schneller durchführen kann (vgl. Abb. 4.3).
- Eine andere Möglichkeit besteht darin, dem Mechaniker Beschriftungen für ein-zelne Teile des Gerätes sowie entsprechende Arbeitsanweisungen anzuzeigen.

Abb. 4.3: Augmented Reality in der Wartung.
Quelle: (EDAG, 2021)

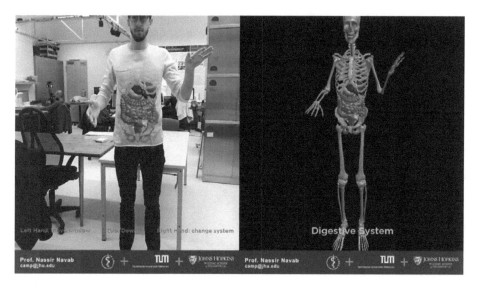

Abb. 4.4: Augmented Reality in der Medizin.
Quelle: (Navab, 2019)

– Medizin
    – Durch Darstellung nicht sichtbarer Elemente lassen sich schwierige Operatio-
      nen leichter durchführen. Basierend auf vorheriger Tomographie oder ak-
      tuellen Bilddaten von Ultraschallgeräten oder offenen Kernspintomografen
      kann für den Operateur ein Röntgenblick simuliert werden, der durch Über-
      blendung virtueller Objekte die Operation deutlich einfacher gestalten kann
      (vgl. Abb. 4.4). (TU München, 2010) (Suthau, Vetter, Hassenpflug, Meinzer, &
      Hellwich, 2002)
    – Ein Virtual Mirror kann medizinische Untersuchungen oder Operationen deut-
      lich vereinfachen oder zu ihrem Gelingen entscheidend beitragen. (Tönnis,
      2010, S. 138–140)
    – Weiterhin findet die AR-Technologie auch in der Operationsplanung Verwen-
      dung, indem z. B. Gefäße und feine Strukturen auf Oberflächen visualisiert
      werden, um Chirurgen deren Lage zu vermitteln. (Fell, 2018)
    – AR-Brillen ermöglichen eine anatomieüberlagernde Anzeige von dreidimensio-
      nalen Bild- und Planungsdaten. Dabei werden dreidimensionale Inhalte direkt
      am Patienten dargestellt. Dies trägt dazu bei, die Herausforderungen des Arz-
      tes im Operationssaal besser und schneller zu meistern und dadurch zielge-
      richtete und sichere Interventionen durchzuführen. (Fraunhofer IGD, 2021)
– Konstruktion
    – AR bietet in der Konstruktion die Möglichkeit der Simulation konstruierter
      Objekte im Raum (vgl. Abb. 4.5).

– Digitale Planungsdaten lassen sich effizient mit vorhandenen realen Geo-
metrien abgleichen. Dies ermöglicht darüber hinaus den breiten Einsatz
von digitalen Absicherungsmethoden bei der Kombination von digitalen
Daten mit realen Prototypen bzw. Konstruktionen. (Startblatt, 2010)

Abb. 4.5: Augmented Reality in der Konstruktion.
Quelle: (Konstruktion & Entwicklung, 2020)

Weitere industrielle Anwendungsmöglichkeiten mit komplexen Aufgabenfeldern
sind teilweise bereits realisiert:
– Navigation
Navigation ergänzt um Augmented Reality ist in vielerlei Einsatzszenarien
denkbar:
  – Bei der Wartung komplexer Industrieanlagen (Konstruktion & Entwicklung,
2020), (EDAG, 2021)
  – Für Einsätze im Bereich Katastrophenmanagement (Werder & Bähr, 2007)
  – Im Automobilbereich findet AR Verwendung in den Cockpit-Displays, die
dem Fahrer grafische Navigations- und Verkehrshinweise in Live-Bildern
zur Verfügung stellen
  – Im Flugzeug erfolgt der Einsatz von AR in Verbindung mit Head-Mounted-
oder Head-Up-Displays und erhöht Sicherheit und Effizienz bei schlechter
Sicht und Witterung. Der Einsatz in Militärmaschinen war einer der ersten
industriellen Einsatzgebiete von AR (Netzwelt, 2009).
  – Als Ergänzung zur Navigation bietet Google seinen Nutzern seit Mai 2019
die Live-AR Navigation *Live View* in Google Maps an. Fußgänger können
statt der normalen 2D-Kartenansicht nun Live View verwenden, um sich
Richtungspfeile sowie Straßennamen und Zusatzinformationen anzeigen zu
lassen (Google, 2021).

- Visualisierung

  Obwohl Augmented Reality sehr häufig der Darstellung dient, gibt es dennoch einige Anwendungsbereiche, deren Hauptziel darin besteht, bestimmte Aspekte besser zu visualisieren.
    - Darstellung und interaktive Analyse von Karten und Geländemerkmalen, z. B. zur Gewinnung von Bodenschätzen oder im Bereich der Geoinformatik (Sauer & Lehmann, 2019)
    - Darstellung zerstörter historischer Gebäude oder zukünftiger Architekturprojekte (Tagesspiegel, 2019)
    - Anreicherung von Museen und Ausstellungen durch Darstellung virtueller Objekte (Metropolitan Museum of Art, 2021)
    - Simulation

      z. B. zur Anreicherung bereits bestehender Flug- und Fahrsimulatoren um Augmented Reality Elemente (vgl. Abb. 4.6)
    - Kollaboration

      z. B. zur Unterstützung virtueller Teams bei ihrer Zusammenarbeit an simulierten 3D-Modellen oder Konferenzen mit realen und virtuellen Teilnehmern (Microsoft, 2021b)
    - Spiele (Futurezone, 2021)

Abb. 4.6: Augmented Reality in der Flugzeug-Navigation.
Quelle: (Swiss Air International, 2017)

Ein Beispiel für den Einsatz von AR ist Education/Training in der Ausprägung Edutainment. Lernende lassen sich mittels WebCam am Rechner Lernmaterial anzeigen und erhalten Informationselemente am Rechner angezeigt, die weiterführende Erklärungen und Hinweise zur betrachteten Thematik bieten. Auch darüberhinausgehende Tonsequenzen sind im Rahmen der Animation möglich. Diese Vorgehensweise vermittelt den Lernenden das Gefühl der greifbaren Nähe sowie einer individuell und interaktiv gestalteten Hilfe. Dies hilft, Lernbarrieren zu verringern

Abb. 4.7: Augmented Reality im Museum.
Quelle: (Queppelin, 2018)

oder zu eliminieren. Ziel der Einbindung von 3D-Animationen auf AR-Basis ist vor allem, für die Lernenden eine haptische Wahrnehmung zu simulieren und ihr Interesse zu stärken.

Die bereits realisierten Anwendungsbeispiele zeigen deutlich, dass der Aspekt Kommunikation in der Ausprägung Visualisierung im Vordergrund steht. Komplexe Sachverhalte werden vereinfacht und besser verständlich bzw. erfahrbar, indem sie visualisiert werden.

Die wachsende Rechenleistung ermöglicht Anwendungsszenarien in Echtzeit in vielfältiger Weise – vor allem im Bereich Bedienerunterstützung und Unterhaltung. Betriebssystemoberflächen vor allem für den Consumer-Bereich können um AR-Elemente angereichert werden. Programmfenster und Icons lassen sich als virtuelle Elemente im realen Raum darstellen und durch Mimik oder Gestik bedienen. Weiter gedacht lassen sich herkömmliche Bildschirme oder Gerätebedienfelder durch neue Gerätetypen und entsprechende multimediale Anwendungen, die Augmented Reality nutzen, ersetzen. Hierzu zählen z. B. pseudo-holographische virtuelle Bildschirme, virtuelle *Holodecks* oder virtuelles Surround-Kino, wie sie aus verschiedenen Science-Fiction-Serien bereits bekannt sind. (Schwanck, Kuhn, & Blohm, 2007) Mittels AR-Erweiterungen wie z. B. *Röntgenblick* ist auch die Darstellung verdeckter Ziele möglich. (Tesla, 2020)

In den letzten Jahren gewinnen auf *Natural Feature Recognition* und *Face Tracking* basierte AR-Lösungen immer mehr an Bedeutung:
– *Natural Feature Recognition* erlaubt ein Tracking ohne Verwendung künstlicher Marker, (vgl. Abschnitt 3.1.3) und ermöglicht das Erkennen völlig unbekannter Umgebungen und dadurch neue Anwendungsmöglichkeiten. Gerade mobile Endgeräte wird die weitere Entwicklung dieser Technik immer mehr in die Lage versetzen, natürliche Umgebungen zu erkennen und mit virtuellen Objekten anzureichern.

– *Face Tracking* eröffnet z. B. neue Formen in der Kommunikation mit Betrachtern. Der Betrachter wird – im Wesentlichen reduziert auf das Gesicht – erfasst, alters- und geschlechtsspezifische Merkmale werden erkannt, ausgewertet sowie interpretiert und es erfolgt eine entsprechende individuelle Reaktion. Mögliche Einsatzszenarien ergeben sich in der Werbung. Während Plakate derzeit statische Informationen widerspiegeln, kann man auf Basis von Augmented Reality interaktive Plakate entwickeln, die entsprechend *smart* auf ihr Gegenüber reagieren. Bezogen auf alters- und geschlechtsspezifische Merkmale reagiert das Plakat individuell und bietet passende Werbebotschaften an.

Augmented-Reality ist zum strategischen Produkt verschiedener Software-Hersteller wie z. B. Apple oder Microsoft geworden. Meta (Facebook) investiert zunehmend in die VR- und AR-Technologie. Schon 2014 hatte Facebook Occulus für 2,3 Mrd. Dollar gekauft. Das sogenannte *Metaversum* soll die Kommunikation von Nutzern in virtuellen und augmentierten Räumen ermöglichen. Dazu sind aber Brillen notwendig die sowohl VR- als auch AR-Szenarien unterstützen und für Endkonsumenten bezahlbar sind (Herbig, 2021).

Die Möglichkeit der Gesten- und Sprachsteuerung wird weitere faszinierende Möglichkeiten im Bereich AR hervorbringen, da diese eine einfache und intuitive Handhabung von AR Applikationen unterstützt. Meta experimentiert bereits mit einem Armband, das Hirnströme misst, um VR und AR-Anwendungen zu steuern (vgl. Abb. 4.8).

Abb. 4.8: Handgelenk-Sensor. Quelle: (Meta, 2021)

4.1.2 AR in der Automobilindustrie

Mit Augmented Reality lassen sich Arbeitsabläufe im Engineering komplett digitalisieren und optimieren. AR ist an der Schnittstelle zwischen Entwicklung und Produktion angesiedelt. BMW überprüft mit der AR-Technologie die Gestaltung von Fahrzeugkonzepten und Prototypen. Damit können reale Bauteile, beispielsweise eine Karosserie mit maßstabsgetreuen, holographischen 3D-CAD-Modellen überlagert werden. Im Einsatz sind dabei der Augmented Reality Engineering Space (AR3S) von Holo-Light und die AR-Brille HoloLens 2. Ingenieure und Konstrukteure können 3D-Modelle visualisieren, manipulieren und gemeinsam bearbeiten. Einzelne Komponenten können aus dem 3D-Modell ausgewählt und getrennt betrachtet, verschoben, skaliert und gedreht werden. (Holo Light, 2021). BMW setzt auf AR und VR in der Planung von Produktionsstraßen. Es werden gescannte Komponenten- und Gebäudedaten in einer Bibliothek vorgehalten und dienen zur Visualisierung und Planung. Damit ergibt sich ein dreidimensionales Abbild der Produktion. Eine aufwändige, digitale Nachkonstruktion der realen Strukturen und ein manuelles Erfassen vor Ort sind nicht mehr notwendig. (BMW Group, 2019)

In der Produktion relevante Montagepunkte können eingesehen und erreicht werden. Mitarbeiter können zeitgleich kollaborative Design-Reviews durchführen und unstimmige Details bzw. leicht übersehbare Konstruktionsfehler bereits in den frühen Produktentstehungsprozessen erkennen. Eine Zeitersparnis von bis zu einem Jahr sollen bei Prototypenentwicklung bzw. Integration von Fahrzeugen in die Produktion möglich sein (BitKom, 2021).

BMW setzt AR auch in Picking-Prozess und in der Qualitätssicherung – etwa in der Lackiererei – ein. Ein Schwerpunkt der AR Anwendung sind Schulungen. Mitarbeiter können den Schulungsprozess individuell steuern und werden bei Bedarf – Remote Assistance – von einem Trainer unterstützt. Dieser kann dadurch mehrere Schulungsteilnehmer betreuen (Pertschy, 2020).

Toyota setzt AR bei der Überwachung der Installation neuer Fertigungslinien sowie deren Wartung ein. Die Kommunikation mit Subunternehmern wird dadurch erheblich vereinfacht und beschleunigt. Außerdem werden Reisekosten eingespart (BitKom, 2021).

4.1.3 AR in der Logistik

Audi setzt AR für die Verbesserung der Logistikprozesse ein. Beim Aufbau neuer Logistikstrukturen in einer bestehenden Produktionshalle setzt Audi das System *LayAR*. Die Software nutzt bereits vorhandene CAD-Daten wie z. B. von Regalen, Behältern oder Bauteilen. Diese digitalen Zwillinge visualisiert LayAR als dreidimensionales Hologramm in der AR-Brille. Diese Objekte werden dann in Originalgröße in die reale Umgebung projiziert Dies erspart den Bau aufwändiger Prototypen (Volkswagen, 2020).

Fiege setzt bereits seit 2016 AR als Assisted-Reality-unterstützte Kommissionierung beim Picking ein. Ein Vorteil ist das *Hands free*-Konzept. Dadurch hat der Lagermitarbeiter die Hände frei und wird durch strikt visuell durch den Kommissionierungsprozess geführt. Gleichzeitig unterstützt das eingesetzte System *pick-by-vision* die Qualitätsdokumentation (Pivaci, 2021). Die in der Datenbrille integrierte Kamera reduziert den Dokumentationsaufwand spürbar. Im Vergleich zum Einsatz von Handhelds verzeichnet Fiege eine Produktivitätssteigerung von rund 10–15 Prozent (Bellenberg, 2021).

Auch DHL setzt bereits seit 2017 AR im Logistikprozess ein. Wie bei Fiege helfen die Systeme bei Navigation innerhalb des Lagers, Optimierung des Transports, Identifikation des Transportauftrages sowie Picking der Ware. Damit konnte DHL die Produktivität im Gesamtprozess um rund 25% steigern (Program ACE, 2021).

4.2 Nutzen von Augmented Reality

Wesentliche Nutzeffekte von Augmented Reality sind anhand der zuvor gezeigten Einsatzbereiche und Anwendungsbeispiele folgende:
- Rechnergestützte Erweiterung der menschlichen Wahrnehmung
  Computergenerierte Zusatzobjekte erlauben die Darstellung zusätzlicher, wahrnehmungserweiternder Aspekte.
- Visualisierung von Informationen
  Umfangreiche und komplexe Informationen lassen sich visualisieren und intuitiv vermitteln.
- Unterstützung bei der Bewältigung komplexer oder diffiziler Aufgaben
  Wahrnehmungserweiterung vor allem durch entsprechende Visualisierung unterstützt Anwender bei der Bewältigung diffiziler oder komplexer Aufgaben.
- Minimierung der Zeit zur Informationsbeschaffung (Time-to-Content)
  Unter Time-to-Content versteht man die Zeitdauer, die benötigt wird, bis ein Anwender über von ihm gewünschte Informationen verfügt. Mittels AR lässt sich der gewünschte Content innerhalb kürzester Zeit aufbereiten und dem Benutzer zur Verfügung stellen. Dabei hat der Anwender die Möglichkeit, interaktiv auf die Gestaltung und Ausprägung des Contents Einfluss zu nehmen; der Content passt sich den Wünschen des Benutzers kontextabhängig an.
- Kombination von haptischem und digitalem Erlebnis (*hap.dig*)
  Bei vielen Augmented Reality Anwendungen verschmilzt haptisches und digitales Erleben, so dass verschiedene Sinne des Betrachters angesprochen werden, was zu einem besonders nachhaltigen Kommunikationserlebnis führt.

4.3 Bereitstellung von AR Anwendungen

Die Bereitstellung von Augmented Reality Anwendungen erfolgt wie folgt:
- Stationäre Anwendung
  Die für die Augmented Reality Anwendung notwendige Software ist auf einem Rechner installiert. Dies liegt z. B. vor, wenn eine AR Anwendung am Point of Sale (POS) aufgerufen wird.

Alternativ können die Anwendungen auch webbasiert gestaltet sein. Über das Internet wird eine Augmented Reality Anwendung aufgerufen und genutzt. Ein typischer Anwendungsfall ist die Nutzung von AR in webbasierten Werbekampagnen, wenn neue Modelle eingeführt werden.

Die Kamera ist bei der stationären Anwendung fest installiert.

– Mobile Anwendung

Ein mobiles Endgerät wird eingesetzt, um eine Augmented Reality Anwendung zu nutzen. Diese Form der Verfügbarkeit gewinnt zunehmend an Relevanz. Ein typisches Beispiel ist die Nutzung augmentierter Informationen zu Sehenswürdigkeiten oder U-Bahn-Plänen.

Die Kamera ist bei der mobilen Anwendung mobil.

– Wearables

Datenbrillen und smarte Kontaktlinsen befinden sich auf dem Weg der Produktreife für den Endkonsumenten. Vor allem Apple, Microsoft und Meta haben AR als Basistechnologie für unterschiedlichste Anwendungen postuliert.

Abhängig davon, wie eine Augmented Reality Anwendung bereitgestellt und genutzt werden kann, lassen sich entsprechende Anwendungsszenarien entwickeln. Gerade mobile AR Anwendungen besitzen großes Potenzial; durch Kameras in beide Richtungen sind unterschiedlichste Ausprägungen möglich. Auch die zunehmende Rechnerleistung gerade bei Tablets und VR/AR-Brillen erlaubt komplexere Lösungen.

5 Kommunikation

Dieses Kapitel zielt darauf ab, wichtige Grundlagen zur Kommunikation zu vermitteln, da Augmented Reality stets in Zusammenhang mit Kommunikation steht. Der Fokus liegt einerseits auf der Kommunikation mit Kunden und andererseits auf dem Kundenverhalten.

5.1 Grundlagen der Kommunikation

Kommunikation ist allgegenwärtig und beschreibt in ihrer ursprünglichen Bedeutung eine Sozialhandlung, in die mehrere Teilnehmer einbezogen sind. Kommunikation als Sozialhandlung ist immer situationsbezogen sowie kontextabhängig. (Ungeheuer, 1983, S. 1–12) Oftmals wird Kommunikation dahingehend erweitert betrachtet, dass Kommunikation nicht nur zwischen lebenden Adressaten, sondern auch zwischen Mensch und Maschine möglich ist

„Kommunikation bedeutet die Übermittlung von Informationen und Bedeutungsinhalten zum Zweck der Steuerung von Einstellungen, Meinungen, Erwartungen und Verhaltensweisen gemäß spezifischen Zielsetzungen." (Bruhn, 2018, S. 3)

Bezüglich der Beschreibung von Kommunikation lassen sich verschiedene Zugangsweisen differenzieren, die durch spezifische Grundannahmen charakterisiert sind. Unterschiede bestehen hauptsächlich darin, (Ungeheuer, 1983, S. 1–12)
- wer kommuniziert – Individuen, Maschinen, Systeme etc.,
- ob Kommunikation als etwas grundsätzlich Soziales oder als Summe von Einzelereignissen und Individualhandlungen verstanden wird und
- welche Seite besonders hervorgehoben wird – die Seite der Produktion (Sender) oder der Rezeption (Empfänger)

Die unterschiedlichen Zugangsweisen führen zu unterschiedlichen Kommunikationsbegriffen, Kommunikationsmodellen und Kommunikationstheorien.

Weite Verbreitung als Kommunikationsmodell gefunden hat das einstufige Kommunikationssystem, oft auch Sender-Empfänger-Modell genannt, in dem Kommunikation mit den Begriffen aus der Signalübertragung beschrieben wird (vgl. Abb. 5.1). Sender, Empfänger und Botschaft stellen die Minimalelemente eines Kommunikationssystems dar; ihr Vorhandensein ist notwendige Voraussetzung für die Funktionsfähigkeit eines Kommunikationssystems. (Bruhn, 2018, S. 38) Das einstufige Kommunikations system definiert Kommunikation als Übertragung einer Nachricht von einem Sender zu einem Empfänger; dazu wird die Nachricht kodiert und als Signal über

https://doi.org/10.1515/9783110756500-005

einen Übertragungskanal übermittelt. Durch Störungen kann die Nachricht dabei verfälscht werden. Voraussetzung für eine erfolgreiche Kommunikation ist, dass Sender und Empfänger die gleiche Kodierung für die Nachricht verwenden. (Bruhn, 2018, S. 31)

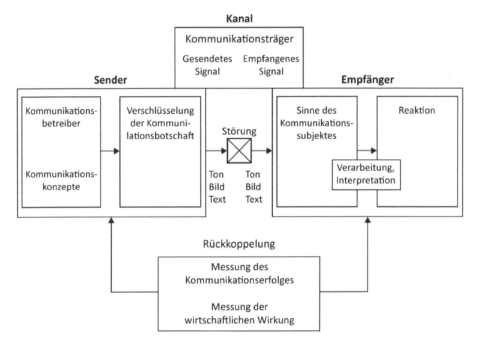

Abb. 5.1: Originäres einstufiges Kommunikationssystem (Sender-Empfänger-Modell).
Quelle: In Anlehnung an (Meffert, 1986, S. 447)

In der Marketing-Branche wird der Begriff visuelle Kommunikation als Oberbegriff für alle mit dem Auge wahrgenommenen, visuell kommunizierten Informationen genutzt; Beispiele hierfür sind Werbeplakate. (WDR, 2010) Wendet man das einstufige Kommunikationssystem auf die visuelle Kommunikation mit Werbeplakaten an, so stellt man fest, dass es sich hierbei um eine unidirektionale Kommunikation handelt, bei der der Empfänger passiv verbleibt.

Aufgrund der technologischen Entwicklungen in den letzten Jahrzehnten gewinnt die Mensch-Maschine-Kommunikation an Bedeutung. (Marketing-Börse, 2009) Die dafür notwendige Benutzerschnittstelle wird dabei als ein Untersystem in einem Mensch-Maschine-System definiert, das der Interaktion zwischen Mensch und Maschine dient. Um eine Benutzerschnittstelle für den Menschen nutzbar zu gestalten, muss sie an die Bedürfnisse des Menschen angepasst sein. (Richter, 2007, S. 2)

Eine Benutzerschnittstelle erlaubt dem Nutzer das Steuern einer Maschine oder eines Systems, das Beobachten der Maschinen- oder Systemzustände und – falls erforderlich – das Eingreifen in den Prozess. Die Bereitstellung der Informationen erfolgt entweder hardwaretechnisch oder softwaretechnisch über ein Visualisierungssystem.

Erfolg sowie Beliebtheit eines technischen Produkts wie z. B. einer Maschine, Anlage oder Systems hängen nicht nur von den Parametern Preis, Zuverlässigkeit und Lebensdauer ab, sondern werden zunehmend auch durch die Faktoren Handhabbarkeit oder Bedienungsfreundlichkeit bestimmt. Idealerweise ist eine Benutzerschnittstelle intuitiv, d. h. ohne Schulungsaufwand nutzbar. Je nach Anwendung ergeben sich spezifische Fokussierungen, was Handhabbarkeit oder Bedienungsfreundlichkeit angeht.

Rechnergestützte Benutzerschnittstellen, in der Regel *Benutzeroberflächen* genannt, umfassen alle Bestandteile eines interaktiven Systems wie Software oder Hardware, die Informationen und Steuerelemente zur Verfügung stellen. Diese sind für den Benutzer notwendig, um eine bestimmte Arbeitsaufgabe mit dem interaktiven System zu erledigen. (DA Tech, 2009) Sie gewinnen durch die zunehmende Verbreitung von Rechnern vor allem auch im mobilen Bereich stetig an Relevanz.

Es gibt eine Vielzahl rechnergestützter Benutzerschnittstellen: (Richter, 2007, S. 30 ff)
- Kommandozeilen
- Zeichenorientierte Benutzerschnittstellen
- Graphische Benutzeroberflächen
- Sprachbasierte Benutzerschnittstellen
- Haptische Benutzerschnittstellen (z. B. Smartphone oder Touchscreen)
- Wahrnehmungsgesteuerte Benutzerschnittstellen, d. h. Steuerung durch Gesten-Erkennung

---

Die Auflistung der Arten von Benutzerschnittstellen zeigt deutlich, dass man zunehmend versucht, Sinne des Menschen zu integrieren, sei es z. B. über sprachgesteuerte Benutzerschnittstellen oder aber Interfaces, die dem Nutzer haptische Interaktion ermöglichen.

Ein Kriterium der Wahl der Benutzerschnittstelle ist neben der Handhabbarkeit und Bedienerfreundlichkeit Time-to-Content. Ziel ist, dass der Anwender so schnell wie möglich die von ihm gewünschten Informationen erhalten bzw. die notwendigen Aktionen initiieren kann.

5.2 Kommunikation mit Kunden

Kommunikation mit den Kunden eines Unternehmens, oft auch Customer-Relationship-Management oder Relationship Marketing genannt, hat in den letzten Jahren zunehmend an Bedeutung gewonnen und sich in der Praxis etabliert. (Hippner & Wilde, 2006, S. 17 f) Im Vordergrund steht dabei die Beziehung zu (potenziellen) Kunden des Unternehmens. Customer-Relationship-Management ist damit ein zentraler Erfolgsfaktor für das Bestehen eines Unternehmens am Markt. (Hippner & Wilde, 2006, S. 18 ff) und bezeichnet die konsequente Ausrichtung eines Unternehmens auf seine Kunden und die systematische Gestaltung der Kundenbeziehungsprozesse. Es umfasst sämtliche Maßnahmen der Analyse, Planung, Durchführung und Kontrolle, die der Initiierung, Stabilisierung, Intensivierung und Wiederaufnahme zu den Anspruchsgruppen – insbesondere zu den Kunden – des Unternehmens mit dem Ziel des gegenseitigen Nutzens dienen. (Bruhn, 2016a, S. 7)

Die zum Customer-Relationship-Management gehörende Dokumentation und Verwaltung von Kundenbeziehungen ist ein wichtiger Baustein und ermöglicht ein vertieftes Beziehungsmarketing. In vielen Branchen sind Beziehungen zwischen Unternehmen und Kunden langfristig ausgerichtet. Mittels Customer-Relationship-Management werden diese Kundenbeziehungen gepflegt, was sich maßgeblich auf den Unternehmenserfolg auswirken kann.

Abb. 5.2 zeigt – stark vereinfacht – die verschiedenen Entwicklungsphasen der Unternehmensführung. Nach der Phase der Kundenorientierung in den 1990er Jahren, in der kundenbezogene Faktoren vermehrt an Relevanz gewonnen haben, sind seit einigen Jahren weitere Einflüsse am Markt zu beobachten, die den Wettbewerb nachhaltig verändern und zu einer verstärkten Netzwerk- und Value-Orientierung führen. Dazu zählen Faktoren wie z. B. Globalisierung oder neue Informations- und Kommunikationstechnologien, die zu einem zunehmend aggressiverem Marktverhalten führen werden. Kunden werden durch interaktive Prozesse zunehmend stärker in den Wertschöpfungsprozess einbezogen. (Bruhn, 2016a, S. 7)

Community Building z. B. ist in den letzten Jahren in der Kommunikation zum Kunden ein wesentliches Element geworden. Die Existenz vielfältigster internetbasierter Sozialer Netzwerke und der enorme Ansturm auf sie zeigen diesen Trend sehr deutlich; neue Möglichkeiten in der Kommunikation mit den Kunden eröffnen sich. Virales Marketing ist nur eine dieser neuen Formen des Marketings, das die Netzwerkorientierung mit sich bringt und durch die neuen Technologien ermöglicht wird.

Augmented Reality ist aufgrund ihrer Vielseitigkeit ebenfalls eine Technologie, die den Wettbewerb nachhaltig beeinflussen wird. Eine Studie der Bain & Company (Reichheld, 2003) zeigte, dass die tatsächliche Kundenorientierung sehr stark mit der Fähigkeit, Kunden zu begeistern, korreliert. (Bruhn, 2016a, S. 1–3) Ein aktuelles Beispiel für die Relevanz der Begeisterungsfähigkeit ist Apple mit seinen verschiedensten Produkten, von denen jedes bei seiner Neuerscheinung eine Begeisterungswelle auslöst und deren Nachfrage in den letzten Jahren nahezu ungebrochen ist. D. h. je stärker ein Unternehmen Kunden für ein Produkt oder eine Dienstleistung begeistern und gewinnen kann, desto marktorientierter arbeitet es und kann den Kunden längerfristig binden.

Kundenansprache und Kundenbindung nehmen einen immer höheren Stellenwert ein, da die Gewinnung von Neukunden bis zu fünf Mal teurer sein kann als die Kundenbindung. Ebenso wichtig ist die Kundenzufriedenheit; je zufriedener ein Kunde ist, desto höher sind seine Wiederkaufsabsichten. (Bruhn, 2016b, S. 78) Daher werden in vielen Unternehmen sämtliche Kundendaten und alle mit ihnen verbunde-

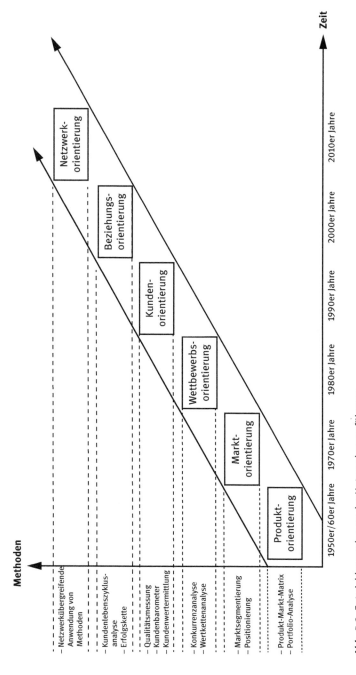

Abb. 5.2: Entwicklungsphasen der Unternehmensführung.
Quelle: (Bruhn, 2016b, S. 1)

nen Transaktionen gespeichert, um den Kunden in jeder Phase seines Lebenszyklus geeignet ansprechen zu können. Diese Daten lassen sich integrieren und aufbereiten, um im Unternehmen an jeder Stelle in der passenden Zusammenstellung zur Verfügung zu stehen. Daten und Transaktionen werden dabei immer im Kontext zu den Prozessen eines Unternehmens gesehen.

Je nach Produkt oder Dienstleistung trifft der potenzielle Kunde seine Entscheidung hinsichtlich des Kaufs eines Produkts oder Inanspruchnahme einer Dienstleistung unter einer gewissen Unsicherheit; es liegt auf Kundenseite ein Informationsdefizit vor, dem zum Zeitpunkt des Kaufs oder der Inanspruchnahme nicht begegnet werden kann. Die Höhe des Informationsdefizits bzw. der Unsicherheit hängt dabei stets vom Produkt oder der Dienstleistung ab. Man unterscheidet drei Eigenschaftstypen, die den Grad der Unsicherheit prinzipiell beschreiben (vgl. Abb. 5.3): (Bruhn, 2016b, S. 25)

- *Sucheigenschaften* sind durch den Kunden bereits vor dem Kauf oder der Inanspruchnahme beurteilbar. Typische Sucheigenschaften sind Preis oder technische Daten eines Produkts.
- *Erfahrungseigenschaften* können erst während des Kaufs oder nach dem Kauf bzw. der Inanspruchnahme beurteilt werden. Eine Urlaubsreise beispielsweise zeichnet sich durch einen hohen Anteil an Erfahrungseigenschaften aus, da erst während oder nach der Reise eine Beurteilung der in Anspruch genommenen Leistung möglich ist.
- *Vertrauenseigenschaften* lassen sich durch den Kunden auch nach dem Kauf eines Produkts oder der Inanspruchnahme einer Dienstleistung nicht oder nur zu unverhältnismäßig hohen Kosten beurteilen. Ärztliche Behandlungen sind hierfür ein Beispiel. Aufgrund mangelnder Fachkenntnisse ist ein Patient in der Regel nicht in der Lage zu beurteilen, ob eine medizinische Therapie qualitativ hochwertig ist.

Steigt der Anteil an Erfahrungs- oder Vertrauenseigenschaften eines Produkts oder einer Dienstleistung an, nimmt der Grad an Informationsdefizit und damit auch der Unsicherheit für den Kunden entsprechend zu. Für den Kauf eines Produkts oder die Inanspruchnahme einer Dienstleistung sind nicht nur Sucheigenschaften von Relevanz, sondern vor allem auch Erfahrungs- und Vertrauenseigenschaften. (Bruhn, 2016b, S. 25)

Dem Konstrukt Vertrauen bzw. entsprechenden Maßnahmen zur Vertrauensbildung auf Unternehmensseite kommt eine sehr wesentliche Rolle bei der Kaufentscheidung oder der Inanspruchnahme einer Dienstleistung zu. (Ahlert, Kenning, & Petermann, 2001) Wie wichtig Erfahrungs- und Vertrauenseigenschaften für den Kunden inzwischen geworden sind, zeigt sich an den verschiedensten Bewertungsportalen, die im Internet zu finden sind und die sich stark steigender Beliebtheit erfreuen. Gerade im Beispiel einer Urlaubsreise vertrauen Interessenten oft mehr den Empfehlungen anderer Kunden und weniger den Beschreibungen der Reiseveranstalter.

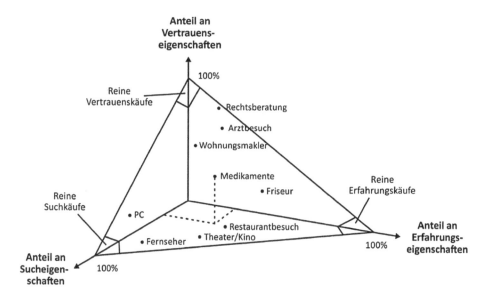

Abb. 5.3: Einteilung in Such-, Erfahrungs- und Vertrauenseigenschaften.
Quelle: (Bruhn, 2016b, S. 25), (Weiber & Adler, 1995)

5.3 Kundenverhalten

Neben der Perspektive der Kommunikation aus Unternehmenssicht und ihrer Beein-
flussungsmöglichkeiten ist der Aspekt Kundenverhalten genauer zu betrachten.

Kundenverhalten – auch Konsumentenverhalten genannt – beschreibt – in Anlehnung an Kroeber-
Riehl/Weinberg – das Verhalten der Menschen beim Kauf und Konsum von wirtschaftlichen Gütern
oder Dienstleistungen.

Die Prozesse, die das Kundenverhalten prägen, gliedern sich gemäß (Kroeber-Riehl &
Gröppel-Klein, 2019, S. 51) in (vgl. Abb. 5.4):
- *Aktivierende Prozesse*
  Als aktivierend werden solche Vorgänge bezeichnet, die mit inneren Erregun-
  gen und Spannungen verbunden sind und das Verhalten antreiben.
- *Kogntive Prozesse*
  Kognitiv sind solche Vorgänge, durch die das Individuum die Informationen
  aufnimmt, verarbeitet und speichert. Es sind Prozesse der gedanklichen Infor-
  mationsverarbeitung im weiteren Sinne.

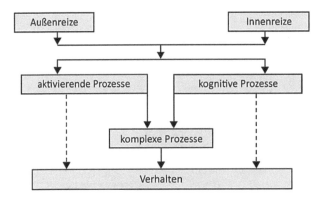

Abb. 5.4: Gesamtsystem Verhalten.
Quelle: (Kroeber-Riehl & Gröppel-Klein, 2019, S. 52)

Die inneren – aktivierenden oder kognitiven – Vorgänge werden von Innen- oder von Außenreizen ausgelöst.
- Das Anbieten von zwei Produkten durch einen Verkäufer löst einen Beurteilungsprozess aus (Außenreiz).
- Dagegen kann ein auftretender spontaner Einfall wie z. B. ins Kino zu gehen nicht von außen, sondern auch von innen her angeregt werden.

Aktivierung ist eine Grunddimension aller Antriebsprozesse; durch die Aktivierung wird der Organismus mit Energie versorgt und in einen Zustand der Leistungsbereitschaft und Leistungsfähigkeit versetzt. (Kroeber-Riehl & Gröppel-Klein, 2019, S. 60)
Ist jemand vielen Außenreizen gleichzeitig wie z. B. verschiedenen Werbeanzeigen ausgesetzt, so wird er seine Aufmerksamkeit nur einigen dieser Reize zuwenden und nur diese ausgewählten aufnehmen sowie verarbeiten. Aufmerksamkeit führt also zur Reizauswahl. Ein solcher Auswahlvorgang ist notwendig, um bei vorhandener Reizüberflutung sicherzustellen, dass nur relevante Reize beachtet werden. (Birbaumer, 1975, S. 63)
Aufmerksamkeit ist also eine vorübergehende Erhöhung der Aktivierung, die zur Sensibilisierung des Individuums gegenüber bestimmten Reizen führt. (Kroeber-Riehl & Gröppel-Klein, 2019, S. 61) Die selektive Reizaufnahme und -verarbeitung wird durch ein Zusammenspiel von Aktivierungsvorgängen erreicht, das zu „selektiver Aktivitätserhöhung bei wichtigen (wenig redundanten) Signalen und zu einer Aktivitätshemmung bei unwichtigen (redundanten) Signalen" führt. (Birbaumer, 1975, S. 63) (Kroeber-Riehl & Gröppel-Klein, 2019, S. 61f)
Für die gezielte Auslösung der Aktivierung durch äußere Reize steht ein reichhaltiges Spektrum an Reizen zur Verfügung; sie können nach ihren Wirkungen differenziert werden: (Kroeber-Riehl & Gröppel-Klein, 2019, S. 77–79)

– *Emotionale Reizwirkungen*
  Die Wirkung emotionaler Reize ist stets mit einer mehr oder weniger starken inneren Erregung verknüpft, die die Intensität des emotionalen Erlebens bestimmt.
– *Kognitive Reizwirkungen*
  Auch Reize, die zu kognitiven Inkonsistenzen führen, d. h. vor allem neuartige und überraschende Reize aktivieren das Individuum.
– *Physische Reizwirkungen*
  Die Wirkung von starken physischen Reizen wie z. B. Farben, Gerüchen oder Tönen, die innere Erregungen auslösen, fällt hierunter.

Die Kommunikation zum Kunden, insbesondere das Marketing macht sich alle drei Wirkungskategorien zunutze, um die Konsumenten gezielt zu aktivieren (vgl. Abb. 5.5). (Kroeber-Riehl & Gröppel-Klein, 2019, S. 77)

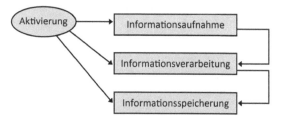

Abb. 5.5: Beziehungen zwischen Aktivierung und kognitiver Leistung.
Quelle: In Anlehnung an (Kroeber-Riehl & Gröppel-Klein, 2019, S. 86)

Kunden bzw. Konsumenten spielen in der Kommunikation meistens eine passive Rolle und bringen den dargebotenen Informationen wenig Interesse entgegen. Das gilt vor allem für gesättigte Märkte, auf denen sachliche Produktunterschiede gering sind und Kunden wenig Informationsbedürfnisse haben. (Kroeber-Riehl, 1984) (Weinberg, 1992) Zur Erreichung der passiven Kunden ist man auf Aktivierungstechniken angewiesen, die Kunden für die angebotenen Informationen aufschließen. (Kroeber-Riehl & Gröppel-Klein, 2019, S. 90)

Geringes Informationsinteresse der Kunden, starke Informationsüberflutung, gesättigte Märkte mit zunehmend austauschbaren Angeboten – das sind die Rahmenbedingungen, die heute die Kommunikation mit Kunden definieren und die das Involvement der Kunden geringhalten.

Unter Involvement versteht man die innere Beteiligung oder das Engagement, mit dem sich die Kunden der Kommunikation zuwenden. (Kroeber-Riehl & Esch, 2015, S. 98 ff)

Bei geringem Involvement nehmen sie die dargebotenen Informationen nur flüchtig und mit geringer Aufmerksamkeit auf. (Kroeber-Riehl & Esch, 2015, S. 98 ff) Gerade der Informationsüberschuss bildet eine limitierende Komponente: In Deutschland werden weniger als 2 Prozent der durch Massenmedien angebotenen Informationen aufgenommen, d. h. in der Werbung rechnet man mit einem Informationsüberschuss von mindestens 95 Prozent. (Kroeber-Riehl, 1987) (Kroeber-Riehl & Gröppel-Klein, 2019)

Informationen sind aktivierend zu verpacken, um in der zunehmenden Informationskonkurrenz sowie in der steigenden Informationsflut aufzufallen und die Aufmerksamkeit der Empfänger auf die eigene Nachricht zu lenken. (Kroeber-Riehl & Gröppel-Klein, 2019, S. 90) Dabei sind auch Art und Weise der benutzten Aktivierungstechniken entscheidend. (Kroeber-Riehl & Esch, 2015, S. 93) Obwohl Aktivierungstechniken die Aufmerksamkeitsspanne beim Kunden verstärken können, vermögen sie aber in der Regel nicht, Kunden aus ihrer Passivität aufzuwecken und so zu stimulieren, dass sie die dargebotenen Informationen involviert aufnehmen und verarbeiten. Da eine mittlere Aktivierung die Kognitionen der Menschen über ihre Emotionen erreicht, ist dies aber auch nicht notwendig.

Das Involvement der Kunden wird durch persönliche, situative und reizabhängige Einflüsse bestimmt. Das Aktivierungspotenzial der in der Kommunikation verwendeten Reize wirkt lediglich auf das Reaktionsinvolvement der Kunden ein, d. h. nur auf das von der Reizdarbietung abhängige Involvement. Dieses reizabhängige Involvement spielt für das Verhalten jedoch eine wesentlich geringere Rolle als das von persönlichen Interessen und von der Situation bedingte Involvement. Das von der Situation, insbesondere von der Entscheidungssituation bestimmte Involvement schlägt wesentlich stärker auf das Betrachtungsverhalten durch. (Jeck-Schlottmann, 1988) und lässt sich auf verschiedene Ursachen zurückführen: (Deimel, 1989)

– *Personenspezifische Faktoren* charakterisieren den Einfluss persönlicher Prädispositionen eines Individuums, die von den subjektiven Bedürfnissen, Werten und Zielen abhängen. Unklar ist, inwieweit sich dieses emotional steuern lässt.
– *Situationsspezifische Faktoren* charakterisieren den Einfluss der Realisationsbedingungen auf die Entscheidung. Hier können emotionale Reize kommunikationsunterstützend eingesetzt werden.
– *Stimulusspezifische Faktoren* charakterisieren den Einfluss eines Produkts und der Kommunikationsform und erzielen sowohl emotionale als auch kognitive Wirkungen.

Löst die Kommunikation eine starke Aufmerksamkeit aus, so führt gemäß Aktivierungskonzept die emotionale Reaktion zu gedanklichen Vorgängen, die den Entscheidungsprozess vorantreiben.

Ein Ziel in der Kommunikation mit dem Kunden ist daher, durch neue Informations- und Kommunikationstechnologien neue Reize zu setzen und das Involvement zu erhöhen. Augmented Reality kann in Kombination mit klassischen Werbemitteln wie z. B. bei Anzeigen im Printbereich, bei Büchern, aber auch in den digitalen Medien neue Akzente setzen und das Involvement so weit erhöhen, dass der Kunde indirekt durch Emotionen stärker aktiviert wird. Eine stärkere Aktivierung äußert sich z. B. in einer längeren Verweildauer bei einer Printanzeige (vgl. Abb. 5.6).

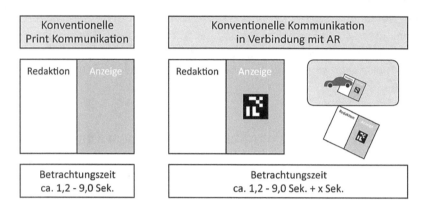

Abb. 5.6: Verweildauer bei Printanzeigen ohne und mit Augmented Reality-Erweiterung.

Ohne Erweiterung mit Augmented Reality liegt die durchschnittliche Verweildauer in Abhängigkeit vom Produktbereich zwischen einer und neun Sekunden. Durch aktivierende Anzeigengestaltung wird die Betrachtungszeit relativ gesehen wesentlich gesteigert; bei starker Aktivierung um nahezu 100 Prozent. (Kroeber-Riehl & Esch, 2015, S. 136) Mit Augmented Reality, der aufgrund ihrer – temporär noch gegebenen – Neuartigkeit ein starker Aktivierungseffekt anhaftet, kann sich also vermutlich eine deutlich höhere Verweildauer erzielen lassen.

Insbesondere in der Kombination passiver Kommunikationsmittel mit Augmented Reality kann eine starke zusätzliche Aktivierung erzielt werden, da das passive Kommunikationsmittel mit Augmented Reality *zum Leben erweckt* wird. Dieser Effekt wird mit *Living* beschrieben. Zwei Beispiele sollen dies verdeutlichen.

- *Printanzeige*
  Bei einer augmentierten, d. h. einer mit Augmented Reality kombinierten Printanzeige hat der Interessent die Möglichkeit, mit der Anzeige zu kommunizieren – entweder am Rechner oder über ein mobiles Endgerät. Die Möglichkeit, interaktive Gewinnspiele zu koppeln, ist gegeben. Es entsteht eine *Erlebnisanzeige*.
- Plakat
  Passanten stehen vor einem Plakat, das Werbung für ein Automodell zeigt. Per Kamera des Smartphones wird das Plakatmotiv erkannt und die Augmented Reality Applikation aktiviert. Das neue Modell erscheint auf dem Display des Smartphones und ist interaktiv nutzbar: Man kann Rennen fahren oder Gepäck einladen etc.

In beiden Fällen werden Emotionen beim Betrachter geweckt. Gerade die emotionale Erlebnisvermittlung in der Kommunikation kann bei Produkten und Dienstleistungen auf gesättigten Märkten eine entscheidende Rolle spielen. (Konert, 1986) Das Ziel der emotionalen Produktdifferenzierung besteht darin, die Produkte durch emotionale Erlebnisse unterscheidbar zu machen und in der Kommunikation entsprechend hervorzuheben, so dass Aufmerksamkeit geweckt wird. (Kroeber-Riehl & Gröppel-Klein, 2019, S. 125) Speziell zum Grad der Aktivierung von augmentierten Anzeigen oder anderen Werbemitteln liegen aus der Forschung noch keine Ergebnisse vor. Doch lässt sich vermuten, dass diese Art der Kommunikation hohe Wirkungen erzielt.

5.4 Phasen und Prozesse in der Kommunikation zum Kunden

Die Kommunikation zum Kunden, d. h. insbesondere das Customer-Relationship-Management wird durch zwei zentrale Denkkonzepte geprägt (Bruhn, 2016a, S. 9):
–   Denken im Customer Lifecycle
–   Denken in der Erfolgskette

Aufgrund des dynamischen Charakters von Kundenbeziehungen stellt der sogenannte Customer Lifecycle (Kundenbeziehungslebenszyklus) den Rahmen für die Ableitung spezifischer Marketingaktivitäten dar (vgl. Abb. 5.7).

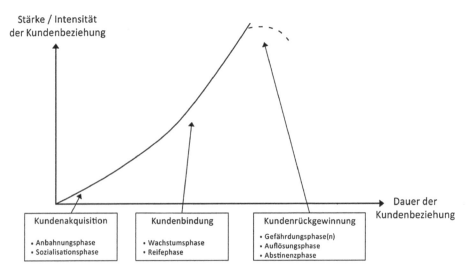

Abb. 5.7: Phasen des Customer Lifecycle.
Quelle: (Bruhn, 2016a, S. 11)

Oftmals erfolgt eine Differenzierung der Kundenakquisition in zwei separate Phasen: Kundenanbahnung und Kundenakquisition (vgl. Abb. 5.8).

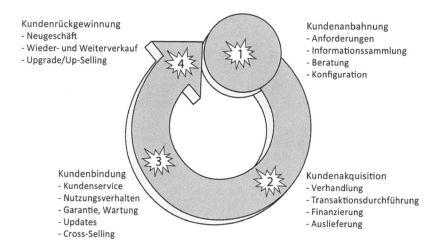

Abb. 5.8: Differenzierte Phasen des Customer Lifecycle.

Bei weiteren Betrachtungen werden die in Abb. 5.8 genannten vier Phasen des Customer Lifecycle aufgegriffen. In jeder Phase sind geeignete Aktivitäten zu definieren, um Kundenbeziehungen optimal aufzubauen, zu pflegen und wieder zu erneuern (vgl. Abb. 5.9).

Unternehmensexterne moderierende Faktoren

- Heterogenität der Kundenerwartungen
- Marktbezogene Dynamik
- Marktbezogene Komplexität

- Variety-Seeking Motive
- Image
- Alternativenzahl
- Bequemlichkeit der Kunden

- Ertragspotenzial der Kunden
- Leistungsbedürfnisse der Kunden
- Preisbereitschaft
- Kundenfluktuation

Kundenorientierung → Kundenzufriedenheit → Kundenbindung → ökonomischer Erfolg

- Individualität der Dienstleistung
- Heterogenität des Leistungsspektrums
- Leistungskomplexität

- Wechselbarrieren
- Möglichkeit verträglicher Bindungen
- Funktionaler Verbund der angebotenen Leistungen

- Ausgestaltung des Kundeninformationssystems
- Mitarbeiterfluktuation
- Restriktionen bei der Preisfestlegung
- Breite des Leistungsangebots

Unternehmensinterne moderierende Faktoren

Abb. 5.9: Erfolgskette der Kundenorientierung.
Quelle: (Bruhn, 2016a, S. 13)

Sowohl unternehmensinterne als -externe Faktoren beeinflussen das Customer-Relationship-Management und seine Phasen. Zwecks Kundenansprache sind geeignete Instrumente zu definieren, um z. B. ein Produkt adäquat zu positionieren. Auch hier kann eine Technologie wie Augmented Reality ausgesprochen hilfreich sein.

Da das Customer-Relationship-Management einen Teilbereich des Marketings darstellt, sind konkrete Ziele aus den Marketingzielen abzuleiten. Im Allgemeinen geht es um folgende Aspekte (Hippner & Wilde, 2006):

–   Steigerung der Kundenzufriedenheit und der Kauffrequenz durch die Analyse des Kaufverhaltens und entsprechenden Einsatz der Instrumente des Marketing-Mix,
–   Langfristige Bindung der Bestandskunden durch maßgeschneiderte Aktionen,
–   Gewinnung von Neukunden aus Interessenten,
–   Bessere Ausschöpfung des Kundenpotenzials u. a. durch Up- und Cross-Selling,
–   Senkung der Kosten durch zentrale Datenerfassung,
–   Steigerung der Reaktions- und Liefergeschwindigkeit,
–   Verbesserung der Kundenorientierung, um dem Kunden individualisierte, seinen Bedürfnissen entsprechende Leistungen anbieten zu können und
–   Erhalt wichtiger Signale für die Früherkennung von Chancen und Risiken.

Durch die einfache Auswertbarkeit von Datenbanken innerhalb des Customer-Relationship-Managements kann z. B. ein verändertes Kundenverhalten im großen Stil für geänderte Bedürfnisse oder neue Wettbewerber sprechen. Gerade eine neue Informations- und Kommunikationstechnologie kann zu einer Veränderung im Kommunikationsverhalten führen, was sich in dem gewonnenen Datenmaterial widerspiegelt und wiederum zu einer Anpassung der CRM-Aktivitäten durch das Unternehmen führt.

Von besonderer Bedeutung bei der weiteren Betrachtung ist das kommunikative Customer-Relationship-Management; dieses spricht die direkte Schnittstelle zum Kunden an. Relevante Kanäle der Kommunikation sind:

–   Telefon
–   Web
–   Messaging wie z. B. E-Mail, Voicemail, SMS, Micro-Blogs
–   Klassische Medien wie z. B. Face-to-Face, Prospekt, Brief oder Fax

Hinsichtlich der Nutzung neuer Informations- und Kommunikationstechnologien wie z. B. Augmented Reality ergeben sich bezogen auf die Kommunikationskanäle unterschiedliche Anwendungsmöglichkeiten. Klassische Medien sind nicht ausgeschlossen, erschließen sich in der Regel aber nur in Kombination mit anderen Kommunikationsmedien. Ein typisches Beispiel für eine Kombination mit anderen Kommunikationsmedien ist in Abb. 4.1 dargestellt: Ein klassisches Printmedium wird augmentiert sowie durch eine Webapplikation ergänzt und erfährt dadurch eine Aufwertung.

5.5 Ziele in der Kommunikation zum Kunden

Betrachtet man die Zielpyramide (vgl. Abb. 5.10) bezogen auf Customer-Relationship-Management im Unternehmen, so sind unternehmensbezogene, aber auch kunden-bezogene strategische Ziele sehr wesentlich:
- Positionierung am Markt
- Innovativität
- Kundenzufriedenheit/-vertrauen und
- Kundenbindung.

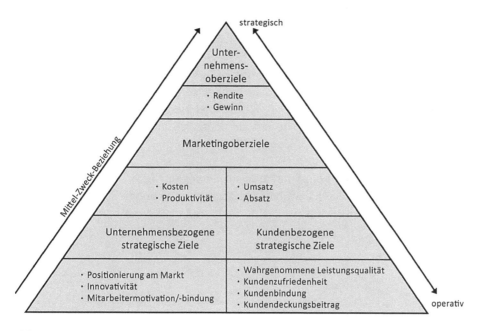

Abb. 5.10: Zielhierarchie im Customer-Relationship-Management.
Quelle: (Bruhn, 2016b, S. 104)

Darüber hinaus gibt es eine Reihe weiterer Ziele, die aus Sicht der Unternehmen in der Kommunikation mit dem Kunden sehr wesentlich sind und gerade im Rahmen der Netzwerkorientierung (vgl. Abb. 5.2) stetig an Relevanz gewinnen:
- Neukundenansprache
  Unternehmen müssen zunehmend in einem oftmals gesättigten Markt potenzi-elle Neukunden ansprechen und für sich gewinnen. Dabei muss sich das Unter-nehmen vom Wettbewerb abheben und für den Kunden attraktiv sein.
- Erhöhung des Markenbekanntheitsgrads
  Erhöhung des Markenbekanntheitsgrads sowie Neukundenansprache korrelie-ren stark. Eine Erhöhung des Markenbekanntheitsgrads führt in der Regel dazu, dass die Neukundenansprache erleichtert wird bzw. vice versa.

- Imageverbesserung
  Ein Unternehmen tritt immer mit einem gewissen Image nach außen hin auf: Je
  besser dieses Image ist, desto attraktiver ist das Unternehmen bzw. sind seine
  Produkte oder Dienstleistungen für den Kunden.
- Serviceorientierung
  Häufig ist aus Kundensicht für die Kaufentscheidung die Serviceleistung des Unternehmens sehr entscheidend; das Unternehmen muss geeignete Instrumente
  nutzen, um die Serviceleistung zu verbessern und kontinuierlich qualitativ hochwertig anzubieten. Kundenbeziehungen, die durch Vertrauen und Zufriedenheit
  geprägt sind, werden aufgebaut. Ein Beispiel ist Amazon, das seit 2009 das
  serviceorientierteste Unternehmen weltweit sein möchte und große Anstrengun-
  gen in die Serviceverbesserung investiert.
- Community Building
  In der Phase der Netzwerkorientierung ist es von größter Relevanz, Kunden zu
  einem Netzwerk zu verflechten bzw. Kunden das Gefühl zu geben, sie gehören
  einer besonderen Community an. Ein Beispiel hierfür ist Apple, das mit seinen
  verschiedenen Produkten wie iPhone oder iPad ein derartiges Community-
  Gefühl generiert.

Neue Informations- und Kommunikationstechnologien eignen sich hervorragend,
um diese Ziele zu realisieren bzw. bei ihrer Erreichung zu unterstützen; dies gilt insbesondere für Augmented Reality.

6 AR und Kommunikation

In diesem Kapitel wird aufgezeigt, wie sich Augmented Reality in der Kommunikation nutzen lässt. Ausgerichtet an den Phasen und Prozessen der Kommunikation wird aufgezeigt, wo sich Augmented Reality sinnvoll integrieren lässt bzw. zu Vorteilen in der Kommunikation führt.

6.1 Augmented Reality im Kontext der Kommunikation

Die in Kapitel 4 aufgezeigten Anwendungsbeispiele für Augmented Reality und die in Kapitel 5 genannten Aspekte der Kommunikation zeigen bereits, dass sich Augmented Reality in den Trend der Entwicklung der Kommunikationsbeziehung zum Kunden einpasst. Ziele wie Innovativität oder Community Building lassen sich z. B. mit Augmented Reality leicht verfolgen. Setzt man Phasen und Prozesse im Customer-Relationship-Management den Zielen einander gegenüber, so zeigen sich verschiedene Anwendungs- und Unterstützungsmöglichkeiten. Tab. 6.1 zeigt deutlich, dass Augmented Reality in nahezu jeder Phase des Kundenlebenszyklus eine unterstützende Funktion aufweist.

Tab. 6.1: Augmented Reality in der Kommunikation zum Kunden.

	Anbahnung	Akquisition	Bindung	Rückgewinnung
Positionierung am Markt	✓	✓	✓	✓
Innovativität	✓	✓	✓	✓
Kundenbindung			✓	✓
Erhöhung des Markenbekanntheitsgrades	✓	✓		✓
Imageverbesserung	✓	✓	✓	✓
Serviceorientierung			✓	✓
Neukundenansprache	✓	✓		✓
Community Building	✓	✓	✓	✓

Durch die Interaktion zwischen Nutzer und Applikation, d. h. das Reagieren der Anwendung auf Aktivitäten des Nutzers fühlt sich der Nutzer eingebunden und ist fasziniert – ein wesentlicher Aspekt für eine Kundenbeziehung. Teils bieten die in Kapitel 7 vorgestellten Anwendungsszenarien die Möglichkeit, Daten für den Anwender zu erheben; dies kann entsprechend für CRM genutzt werden, um zukünftig kundenspezifischer zu agieren.

https://doi.org/10.1515/9783110756500-006

Im Folgenden beschäftigt die Frage, ob Augmented Reality *nur* eine Technologie ist, die im Rahmen der Kommunikation lediglich als *Gimmick*, also als Spielerei, eingesetzt werden kann oder ob sich damit tiefergehende Wirkungen erzielen lassen. Bei der Klärung der möglichen Wirkung von Augmented Reality in der Kommunikation ergeben sich zwei wesentliche Fragestellungen:

1. Kann Augmented Reality die Wirkung von Kommunikation verstärken?
2. Kann Augmented Reality Inhalte schneller und nachhaltiger vermitteln sowie besser begreifbar gestalten?

Über die Wirkung von Augmented Reality in der Kommunikation bzw. im Kundenverhalten eine Wirkung in der Kommunikation erzielt, lässt sich an dem Aspekt der häufig auftretenden Kombination von haptischen und digitalen Elementen, die zu einer Einheit verschmelzen, erkennen. Dieser als *hap.dig* bezeichnete Sachverhalt macht einen besonderen Reiz von Augmented Reality in der Kommunikation mit Kunden aus.

Hap.dig bezeichnet eine Kombination aus *hap*tischen und *dig*italen Elementen, die zu einer Einheit verschmelzen.

Kommunikationsaktivitäten, die mehrere Sinne gleichzeitig ansprechen und damit zu einem Zusammenwirken mehrerer Reizmodalitäten führen, sind besonders erfolgreich. (Kroeber-Riehl & Gröppel-Klein, 2019, S. 122) Dies entspricht auch dem Ansatz des multisensorischen Lernens. Durch den gleichzeitigen Einsatz mehrerer Reizmodalitäten wird es möglich, das gleiche Erlebnis mehrfach und damit wirksamer zu vermitteln; es ist auch möglich, mehrere modalspezifisch ausgelöste Einzelerlebnisse zu einem Gesamterlebnis zu kombinieren. D. h. durch die Verbindung eines haptischen Gegenstands wie z. B. Buch oder Prospekt mit einem digitalen Gerät wie z. B. Rechner oder Smartphone erfolgt die gleichzeitige Ansprache mehrerer Sinne. Mehrere Reizmodalitäten wirken zusammen und das Erlebte wird wirksamer vermittelt; modalspezifische ausgelöste Einzelerlebnisse werden zu einem Gesamterlebnis kombiniert. Dies führt zu einer intensiveren Speicherung der übermittelten Informationen beim Betrachter, was wiederum bewirkt, dass sich der Betrachter an Informationen schneller und besser erinnert. (Kroeber-Riehl & Gröppel-Klein, 2019, S. 123)

Wie in Kapitel 5.2 und 5.3 bereits dargestellt, zielt Kommunikation mit Kunden in der Regel auf folgende Aspekte ab:

– Schnelle Vermittlung von Inhalten (Time-to-Content)
– Stärkere Aktivierung der Kommunikationsteilnehmer durch

- Verlängerung der Verweildauer bei der Kommunikation
- Weckung von Neugier auch bei wenig involvierten Kommunikationsteilneh-mern
- Steigerung der Emotionalität z. B. durch Bewegt-Bilder, Musik oder spieleri-sches Lernen
- Gleichzeitige Ansprache verschiedener Sinne
- Erhöhung der Erfahrungs- und Vertrauenseigenschaften

Mit Augmented Reality lassen sich diese Zielsetzungen erreichen bzw. unterstützen, wie bereits verschiedene Beispiele verdeutlicht haben. In Abschnitt 4.1 wurde auf-gezeigt, dass Augmented Reality schon in kritischen Bereichen wie z. B. Medizin, Wartung und Konstruktion eingesetzt wird, um Inhalte besser begreifbar und Er-gebnisse sicherer zu machen. Diese Anwendungen machen deutlich, dass Augmen-ted Reality einen deutlichen Mehrwert in der Kommunikation bewirkt. Gerade die Time-to-Content ist der Indikator für eine erfolgreiche Kommunikation. Ein Verzicht auf Augmented Reality führt für Unternehmen zu einem deutlichen Nachteil in der Marktorientierung.

Kommunikation zum Kunden ist sowohl in der Push- als auch Pull-Variante möglich; dies ist eine klassische Systematisierung absatzmittlergerichteter Strate-gien. Liegt eine Push-Strategie vor, ist das aktive Einwirken vom Hersteller auf den Handel wie z. B. durch Schaltung von Handelsanzeigen gemeint, damit die Pro-dukte gelistet und optimal unterstützt werden. Bei der Pull-Strategie setzt der Her-steller hingegen auf konsumgerichtete Maßnahmen wie z. B. ein Produktsampling oder die Werbung in klassischen Medien, die darauf abzielen, dass der Endkonsu-ment das entsprechende Produkt im Handel nachfragt. (Bruhn, 2019, S. 83) Der Ein-satz von Augmented Reality eignet sich für Pull- wie auch für Push-Strategien; im Fall mobiler AR Anwendungen wird insbesondere die Pull-Strategie stärker zum Tragen kommen, da der Kunde aktiv werden muss und individuelle Zusatzinforma-tionen abrufen kann.

Im nächsten Schritt ist zu klären, welche Eigenschaften eine Augmented Reality Applikation mit sich bringen muss, damit insbesondere den Zielsetzungen in der Kommunikation bestmöglich entsprochen werden kann.

6.2 Anforderungen an AR Anwendung in der Kommunikation

In der Literatur finden sich wenig Festlegungen hinsichtlich spezifischer Eigenschaf-ten von AR Applikationen; mobile Augmented Reality fokussierend postuliert Wagner einige wesentliche Charakteristika. Dabei sind Eigenschaften, die Augmented Reality erfüllen muss, stark technisch geprägt: (Wagner, 2007) (Tantius, 2008, S. 15)

- Low cost
  Geräte zur Realisierung einer Anwendung müssen kostengünstig verfügbar sein; idealerweise verfügen Nutzer bereits über adäquate Geräte.
- Robust and fool-proof
  Nutzer, die über keine Erfahrung mit dem System verfügen, sollen es intuitiv bedienen können. Bei Fehlern muss das System robust reagieren.
- Self-contained operation and networking support
  Eine Verwendung der Geräte sollte sowohl stand-alone als auch mit anderen Geräten in Netzwerken gemeinsam möglich sein.
- Tracking support
  Das Tracking muss in Echtzeit ablaufen.
- Rapid prototyping
  Neue Applikationen sind ohne übermäßigen Aufwand zu erstellen.
- Content creation
  Inhalte für Applikationen sind auf standardisiertem und handhabbarem Weg generierbar.

Augmented Reality ist stark von der Interaktion mit dem Anwender geprägt, wie die verschiedenen Anwendungsbeispiele zeigen; die Anwendung reagiert auf die Aktion des Anwenders.

Wesentliche Aspekte einer AR Anwendung lassen sich mit *What you do is what you get* (WYDIWYG) beschreiben.

What you do is what you get (WYDIWYG) ist jedoch nur dann realisierbar, wenn eine AR Anwendung folgenden grundsätzlichen Eigenschaften genügt:
- Funktionalität
  Eine AR Anwendung muss dem Sachverhalt angemessen sein und die Funktionen bieten, die in der gewünschten Situation erforderlich sind.
- Intuitive Handhabung
  Eine Anforderung an die Gestaltung einer AR Anwendung ist, dass der Benutzer intuitiv weiß, wie er sie anwenden muss, bzw. die Applikation so arbeitet, dass der Benutzer das Gefühl hat, alles geschieht intuitiv.
- Direkte Manipulierbarkeit
  Aktionen, d. h. Bewegungen des Nutzers z. B. führen zu entsprechenden Veränderungen der computergenerierten Objekte, d. h. in der Regel des Bildschirminhalts.
- Echtzeitanwendung
  Überlagerungen müssen in Echtzeit exakt berechnet und umgesetzt werden, damit eine perfekte Illusion entsteht.

- Spezifität
  Marker, Tracking-Verfahren sowie Software einer AR Anwendung müssen genau auf den jeweiligen Anwendungsbereich zugeschnitten sein.
- Anwendbarkeit
  Zur Verringerung möglicher Nutzungsbarrieren müssen AR Applikationen und entsprechende Endgeräte zu ihrer Anwendung kostengünstig verfügbar sein; idealerweise verfügt der Nutzer bereits über ein adäquates Device.

6.3 Einsatzfelder für Augmented Reality in der Kommunikation

Bei dem Einsatz einer neuen Technologie wie Augmented Reality stellt sich auch die Frage, ob daraus neue Geschäftsfelder bzw. neue Produkte entstehen können, mit denen sich – langfristig gesehen – Geld verdienen lässt. Eine weitere Fragestellung stellt sich hinsichtlich einer möglichen Kostenersparnis durch die Anwendung der Technologie. Ohne Zweifel entsteht durch den Einsatz von Augmented Reality beispielsweise ein neues Geschäftsfeld für Werbeagenturen, die diese Technologie für ihre Kunden in den unterschiedlichen Bereichen der Kommunikation insbesondere imagebildend einsetzen können.

In einer sich sowohl ausdifferenzierenden als auch, zunehmend digitalisierten Gesellschaft dient die Publikumspresse mit ihren Inhalten weiterhin der Verständigung, Vergewisserung und Orientierung in unterschiedlichsten Lebenswelten und Freizeitbereichen. Gedruckte Publikumspresse wie auch Tagespresse weisen signifikant sinkende Reichweiten und Auflagen auf. Beide Pressegattungen haben den Zenit ihrer ökonomischen und publizistischen Bedeutung als Massenmedien deutlich überschritten und verlieren zunehmend an Bedeutung – insbesondere bei jüngeren Zielgruppen. Die Branche erlebte in den letzten beiden Dekaden bereits einige einschneidende Veränderungen. Unklar ist derzeit, welche Auswirkungen die Corona-Pandemie haben wird. (Vogel, 2020)

Um dem Bedeutungsverlaust zumindest teilweise entgegenzuwirken, kann der Einsatz von Augmented Reality dienlich sein. Hier lässt sich ein neues Anzeigenformat entwickeln; die bisher *passiven* Anzeigen werden augmentiert, so dass das Produkt für den Konsumenten erlebbar ist. Insbesondere lässt sich damit die Verbindung zur Webseite des Werbenden harmonisch herstellen, die Kommunikation findet in einer zusätzlichen Dimension statt. Für die Publikumspresse bedeutet dies eine Aufwertung ihrer klassischen Printprodukte, die dem Kunden einen wesentlichen Zusatznutzen bietet. Auch die Entwicklung in Richtung digitaler Verlagsinhalte, die mittels Tablets oder andere mobile Ausgabegeräte verbreitet werden, lassen sich berücksichtigen.

Das Beispiel der Publikumspresse dient nur der Illustration eines Einsatzfelds in der Kommunikation. In (Suthau, 2006) erfolgt eine Differenzierung der Einsatzfelder von AR, die in unterschiedlicher Form und Ausprägung etwas mit Kommunikation zu tun haben. Mal steht die direkte Kommunikation mit verschiedenen

Zielsetzungen im Vordergrund; mal wird Kommunikation eher indirekt unterstützt. Die Einteilung nach Suthau erlaubt aber nur geringe Unterscheidungsmöglichkeiten, da diese Anwendungsfelder stark miteinander verwoben und wenig trennscharf gewählt sind (vgl. Abb. 6.1).

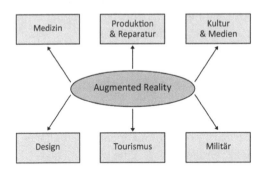

Abb. 6.1: Einsatzfelder für AR. Quelle: (Suthau, 2006)

Eine stärkere bzw. genauere Differenzierung ist daher notwendig: Einerseits gibt es deutlich mehr Einsatzfelder, andererseits finden sich einige grundlegende Anwendungsszenarien in mehreren Einsatzfeldern wieder. Aus dieser Erkenntnis heraus lassen sich wesentliche Einsatzfelder für Augmented Reality – in alphabetischer Reihenfolge gelistet – ableiten; die Liste ist aber nicht notwendigerweise erschöpfend, sondern lässt sich bei Bedarf erweitern (vgl. Abb. 6.2).

– Education

Augmented Reality kann die Anforderung, Wissen unterhaltsam zu vermitteln, unterstützen: Dem Nutzer wird nicht nur eine sehr innovative und Spaß bereitende Form der Informationsdarstellung geboten (Edutainment), sondern es besteht auch die Möglichkeit, Wissen zu vermitteln, das mit den herkömmlichen Methoden der Wissensvermittlung nicht erlebbar ist.

– Kollaboration

Durch den Globalisierungstrend kommt es zu einer Zunahme virtueller Meetings, die in der Regel aber weder die Effektivität noch die Effizienz von Face-to-Face Meetings besitzen. Augmented Reality vermag hier durch die visuelle Einbindung aller Personen virtuelle Meetings sehr viel realitätsnäher gestalten.

– Konfiguration/Simulation

Bereits in vielen Webapplikationen sind Konfiguratoren eingebunden – allen voran im Automobilbereich. Augmented Reality erlaubt eine intensive Vermittlung des Konfigurationsprozesses und seiner Details vor allem durch die Interaktionsmöglichkeiten für den Benutzer; zugleich lassen sich auch Simulationssequenzen zur weiteren Veranschaulichung integrieren.

- Orientierung/Navigation
  Die Erfassung von Objekten mit der Smartphone-Kamera und ihre genaue Positionsbestimmung via GPS in Kombination mit rechnergenerierten Zusatzinformationen erlauben eine innovative Form der Orientierungs- und Navigationshilfe.
- Präsentation/Visualisierung
  Die innovative und ansprechende Vermittlung von Informationen gewinnt insbesondere auf gesättigten Märkten immer mehr an Relevanz. Visualisierung umfasst aber auch die Darstellung komplexer Zusammenhänge insbesondere bei technischen Anwendungen. Augmented Reality bietet in beiden Einsatzgebieten ein wirkungsvolles Instrumentarium.

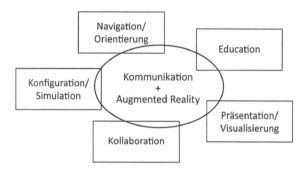

Abb. 6.2: Einsatzfelder für AR in der Kommunikation.

Industrielle AR Anwendungen sind vor allem im Bereich Konfiguration/Simulation, aber auch Navigation/Orientierung zu finden.

Abhängig vom Einsatzfeld gestaltet sich die Anwendung bzw. das zugrunde liegende Anwendungsszenario. Ein Prospekt, bei dem quasi ein Auto zum Leben erweckt wird, kann zur Präsentation wie auch zur Simulation genutzt werden. Da sich in der Regel ein Anwendungsszenario nicht nur genau einem Einsatzfeld zuordnen lässt, ist eine Betrachtung ausgehend von den Anwendungsszenarien sinnvoller. Im Folgenden werden daher Anwendungsszenarien aufgezeigt und exemplarisch verdeutlicht.

7 AR Anwendungsszenarien

ℹ️ In diesem Kapitel werden konkrete und bereits realisierte oder realisierbare Anwendungsszenarien von Augmented Reality in der Kommunikation aufgezeigt. Hierbei werden die bereits aufgeführten Aspekte Kommunikation (zum Kunden) und Technologie (Augmented Reality) miteinander verknüpft.

7.1 AR Anwendungsszenarien und Realisierungsstufen

7.1.1 Anwendungsszenarien

Hayes unterscheidet fünf Arten von Augmented Reality Anwendungen: (Hayes, 2009, S. 4)

– Oberfläche (surface)
  Dies ist die intuitivste Form der Anwendung von Augmented Reality. Beliebige Flächen wie Bildschirme, Wände oder Plakate interagieren bei Berührung und stellen in Echtzeit Zusatzinformationen bereit.
– Muster (pattern)
  Das Augmented Reality System führt bezogen auf ein Objekt einfache Muster-Anerkennungen durch und ergänzt bzw. ersetzt es durch statische oder Bewegt-Elemente. Audio- und Videoelemente sind ebenso möglich. Der Benutzer sieht die verschiedenen Elemente integriert in eine Szene – eventuell an sich selbst.
– Umriss (outline)
  Bei dieser Anwendungsart werden Objekte des Nutzers wie z. B. Hand, Auge oder Körper nahtlos mit virtuellen Elementen *verschmolzen*.
– Position (position)
  Diese Anwendungsart setzt auf GPS- oder Triangulationspositionierung auf; Augmented Reality kann Informationen exakt über z. B. Gebäude oder Personen überlagern – entsprechend der Bewegung der Objekte.
– Hologramm (hologram)
  Virtuelle oder reale Objekte werden wie Hologramme in den physischen Raum eingeblendet, in dem sich der Nutzer befindet. Über Kamera und entsprechende Software wird Interaktion simuliert. Gesten und Audiosignale dienen der Steuerung der Interaktion.

Obige Kategorisierung scheint auf den ersten Blick intuitiv und umfassend; sie weist aber einige Schwächen auf, da sie nicht disjunkt, d. h. überschneidungsfrei ist und Anwendungsszenarien nicht offensichtlich sind. Die hier entwickelte Kategorisierung

https://doi.org/10.1515/9783110756500-007

von Augmented Reality fokussiert Anwendungsszenarien und damit verbundene Einsatzfelder sowie Medien. Unterschieden werden folgende Anwendungsszenarien:

- Living Mirror
  Beim *Living Mirror* erkennt eine Kamera das Gesicht des Betrachters und platziert lagegerecht dreidimensionale Objekte auf dem Gesicht bzw. Kopf. Die Projektion erfolgt üblicherweise über einen großen Bildschirm oder einen Beamer, so dass ein Spiegeleffekt hervorgerufen wird.
- Living Print
  Dieses Szenario basiert auf dem Erkennen eines Printmediums und entsprechender Augmentierung. Dabei wird zwischen verschieden Printmedien unterschieden, seien es Sammel- bzw. Grußkarten (*Living Card*) , Prospekte bzw. Broschüren (*Living Brochure*) oder Verpackungsmaterialien (*Living Object*) . Weitere Möglichkeiten bestehen in der Augmentierung von Büchern (*Living Book*) oder Spielen (*Living Game print-basiert*).
- Living Game mobile
  Mobile Endgeräte bilden die Basis von *Living Game mobile*; dabei werden augmentierte Spiele z. B. auf dem Smartphone zur Anwendung gebracht.
- Living Architecture
  Eine typische Anwendung im Architekturbereich ergibt sich, wenn ein Betrachter einen Eindruck eines Raumes oder eines ganzen Gebäudes *erfahren* möchte, indem er durch Bewegungen wie z. B. Drehen des Kopfes oder Gehen durch einen realen Raum und weitere Aktionen wie z. B. Sprache oder Gestik dessen Darstellung selbst bestimmt.
- Living Poster
  Unter einem *Living Poster* wird eine Werbebotschaft im öffentlichen Raum verstanden, die mit Augmented Reality um manipulative Informationselemente erweitert wird.
- Living Presentation
  Messestände und Präsentationen müssen immer spektakulärer und interessanter werden, damit sie in Zeiten der Informationsüberflutung überhaupt noch wahrgenommen werden. Mittels AR Technologie lässt sich dieses Ziel erreichen. Darüber hinaus ist es möglich, reale Objekte, die durch ihre reine Größe oder Komplexität nicht live präsentierbar sind, darzustellen und sogar mit diesen zu interagieren.
- Living Meeting
  Durch die zunehmende Globalisierung finden immer mehr Meetings als Videokonferenzen statt. Mittels Augmented Reality kann man Videokonferenzen anreichern, so dass sie fast wie reale Zusammentreffen wirken.

– Living Environment

    Alle AR Anwendungen, die mit mobilen Systemen reale Umgebungen oder Einrichtungen mit Zusatzinformationen jeglicher Art wie Text, 2D-Objekten, 3D-Objekten, Video- und Audiosequenzen erweitern, bezeichnet man als *Living Environment*.

Diese Trennung in Anwendungsszenarien wird gewählt, weil es im Allgemeinen schwerfällt, von einer Technologie zu abstrahieren und diese auf ein konkretes Anwendungsbeispiel zu beziehen. Diese Liste erhebt nicht den Anspruch auf Vollständigkeit; es gibt durchaus weitere Anwendungsszenarien, die sich aber in der Regel durch einen eher prototypischen Charakter wie z. B. *Living Wall* auszeichnen (vgl Abschnitt 7.6).

Um den Aspekt der Verschmelzung zwischen Realität und Virtualität sowie der Interaktion Rechnung zu tragen, wird den verschiedenen Anwendungsszenarien der Begriff *living* vorangestellt. Dieser Ausdruck assoziiert wesentlich besser als der Begriff *augmented*, dass eine Erweiterung stattfindet, die dem Benutzer das Gefühl vermittelt, dass Gegenstände oder Medien *zum Leben erweckt* werden. Häufig nutzen Anwendungsszenarien hierfür Avatare, also künstliche, virtuelle Charaktere (Answers, 2014).

7.1.2 Realisierungsstufen

Die genannten Anwendungsszenarien sind hinsichtlich ihres Anwendungszwecks offen. Porter und Heppelmann (Porter & Heppelmann, 2018) unterscheiden nach verschiedenen Realisierungsstufen, um unterschiedliche Anwendungszwecke zu klassifizieren. Stufe 1–3 werden wegen ihrer praktischen Relevanz vorgestellt (Mehler-Bicher & Steiger, 2020)

– Realisierungsstufe 1: Visualisierung

    – Mit Hilfe von AR werden computergenerierte Objekte in die reale Umgebung projiziert. In dieser Stufe ist der Nutzer passiver Betrachter einer AR-Szene. Mögliche Anwendungen sind AR-animierte Printmedien wie Prospekte oder Verpackungen, das Einblenden technischer Informationen in das Gesichtsfeld des Anwenders, das Einblenden touristischer Informationen oder das lagegerechte Überlagern von Informationen aus bildgebenden Verfahren in der Medizin zur Unterstützung des Operateurs.

    – Voraussetzungen für die Anwendung sind, dass zu erkennende Marker bekannt sind. Darüber hinaus müssen die zu kombinierenden virtuellen Objekte (in der Regel 3D-Objekte) vorhanden sein. Das AR-System *komponiert* die realen und virtuellen Objekte zu einer neuen Szene. Diese lässt sich dann auf dem jeweiligen Device (Tablet, Smartphone oder AR-Brille) ausspielen.

- In dieser Realisierungsstufe ist der Umsetzungsaufwand gering. Die Marker sind in der Regel schon vorhanden (z. B. Bilder eines Prospekts). Auch die 3D-Objekte sind oftmals bereits vorhanden (z. B. 3D-Ansicht eine PKW). Softwaretechnisch müssen diese dann nur noch in Verbindung gebracht werden. Sollten Änderungen des Contents in den Unternehmensdaten (z. B. Produktkatalog) direkt in das AR-Szenario integriert werden, ist eine Verbindung zum Dokumentenmanagement-System (DMS) notwendig.

- Realisierungsstufe 2: Anleiten & Kontrollieren
  - In dieser Stufe werden vorgefertigte Szenarien der Stufe 1 in eine logische Reihenfolge gebracht. Der Ablauf wird dabei durch die Veränderung des realen Betrachtungsobjektes (z. B. eine Maschine) gesteuert. Hat beispielsweise der Techniker nach Anweisung ein Bauteil an einer Maschine entfernt, erkennt das AR-System die neue Situation, beurteilt diese und schlägt den nächsten Schritt vor. Eine Interaktion durch den Nutzer selbst (z. B. durch Sprachanweisungen) erfolgt in dieser Stufe noch nicht. Zusätzlich zur visuellen Darstellung können weitere Zusatzinformationen situativ eingeblendet werden. Dies sind z. B. Videosequenzen oder vertiefende CAD-Darstellungen. Drüber hinaus kann es notwendig sein, Prozessdaten oder andere Informationen aus unternehmensinternen Datenbeständen zu berücksichtigen, was entsprechende Schnittstellen zu operativen IT-Systemen erfordert.
  - Die Realisierungsstufe 2 entspricht hinsichtlich der Voraussetzungen Realisierungsstufe 1, erfordert aber zusätzlich eine Definition des Ablaufs der Szenen. Die Darstellung der Objekte muss dabei präziser als in der Stufe 1 sein. Die Realisierung komplexer Handlungsabläufe benötigt darüber hinaus eine hohe Fachkenntnis der Prozesse sowie der Möglichkeiten und Grenzen der AR-Technologie.
  - Zusätzlich zum Aufwand aus Realisierungsstufe 1 kommt der Aufwand für eine eindeutige und fachlich richtige, im System abgebildete Reihenfolge hinzu. Dazu sind technische und gegebenenfalls didaktische Kenntnisse erforderlich. Durch die vorgegebene starre Reihenfolge ist es notwendig, bei Veränderungen des unterstützten Vorgangs (z. B. einer Reparatur) den Ablauf entsprechend zu verändern. Das kann die Erstellung zusätzlicher neuer Marker und Objekte erfordern.

- Realisierungsstufe 3: Interaktion
  - Stufe 3 unterscheidet sich von Stufe 2 insoweit, dass das AR-Szenario nicht nach einem festgelegten Muster abläuft, sondern die Steuerung der Szene und damit auch die der Teilschritte durch den Nutzer selbst erfolgt. Dies kann sprach- oder gestengesteuert erfolgen. Eine Steuerung über Eingabegeräte wie Maus, Tastatur oder Touchscreen ist ebenfalls möglich und von der jeweiligen Situation abhängig.

- Neben den Voraussetzungen aus Stufe 2 ist die Entwicklung intuitiver und leicht erlernbarer Nutzerschnittstellen notwendig. Dies sind z. B. sprach- oder gestenbasierte Schnittstellen. Auch mausähnliche Eingabegeräte werden eingesetzt. Eine hohe Nutzerakzeptanz wird nur dann erreicht, wenn Eindeutigkeit bezüglich der Handlungsalternativen als auch der Bedienoptionen herrscht. So muss dem Nutzer immer klar sein, mit welchem Objekten er überhaupt interagieren kann und wie die Interaktion abläuft. Erschwerend kommt hinzu, dass es noch keine definierten Standards gibt, wie eine AR-Interaktion zu erfolgen hat.
- Umsetzungen von AR Anwendungen in der Realisierungsstufe 3 sind in der Regel sehr aufwändig. Sie erfordern nicht nur AR-Kompetenz, sondern zusätzlich objektbezogene fachliche Kompetenz und didaktische Fähigkeiten der Entwickler. Hinzu kommt die Möglichkeit, dass ein weiterer Akteur die Szene beobachten und gegebenenfalls auch selbst interagieren kann (z. B. ein hinzugezogener Spezialist). Da ein solcher Akteur oftmals gleichzeitig mehrere AR-Nutzer punktuell unterstützen soll, ist auch hierfür eine spezielle Schnittstelle zu entwickeln.

Bei Vertriebs- oder Marketingaktivitäten ist meistens Realisierungsstufe 1 ausreichend, da Zielsetzung und Aufgabe in der Regel darauf ausgerichtet sind, AR-Szenen zu visualisieren. (Mehler-Bicher & Steiger, 2020)

7.1.3 Kombination aus Anwendungsszenarien und Realisierungsstufen

Kombiniert man Anwendungsszenarien mit Realisierungsstufen, dann zeigt sich, dass insbesondere das *Living Environment* für die dritte Realisierungsstufe geeignet ist. Statische Elemente zur Erzeugung von AR-Animationen wie z. B. *Living Print* sind eher für die beiden ersten Realisierungsstufen geeignet. *Living Game mobile* ist exkludiert, da sich hier wenig wirtschaftliche Nutzungsmöglichkeiten ergeben. Grau schraffierte Flächen treffen zu (vgl. Tab. 7.1).

Zur besseren Vergleichbarkeit der verschiedenen AR Anwendungsszenarien wird auf mögliche Realisierungsstufen Bezug genommen und nach der Darstellung eines Szenarios abschließend ein Schema zur Klassifikation genutzt. Dieses Schema ist untergliedert in die Bereiche Technik und Kommunikation.

7.2 Living Mirror

Das Anwendungsszenario *Living Mirror* basiert auf der Face Tracking-Technologie (vgl. Abb. 7.1) und dient weitestgehend der Visualisierung, seltener auch Anleitung & Kontrolle; die grundsätzliche Vorgehensweise sieht wie folgt aus:

Tab. 7.1: Anwendungsszenarien und Realisierungsstufen.

Anwendungsszenario	Realisierungsstufe		
	Visualisierung	Anleitung & Kontolle	Interaktion
Living Mirror	✓	✓	
Living Print	✓	✓	
Living Poster	✓	✓	
Living Architecture	✓	✓	✓
Living Presentation	✓	✓	
Living Meeting	✓	✓	✓
Living Environment	✓	✓	✓

- Eine Kamera erkennt Gesicht, Kopf oder Körper des Betrachters und platziert entsprechend lagegerecht dreidimensionale Objekte.
- Die Projektion erfolgt über Bildschirm oder Beamer, so dass der Benutzer den Eindruck hat, vor einem Spiegel zu stehen.
- Es sind auch @home Anwendungen unter Nutzung des Monitors möglich.

Abb. 7.1: Living Mirror: Anwendungsbeispiele.
Quelle: (Aurea, 2010), (Space & People, 2020)

Die Systeme lassen sich mit einer Druckstation verbinden. Die Druckerzeugnisse können um Logos oder andere Objekte ergänzt werden. Dies bietet sich z. B. bei Messen und Ausstellungen an. Zusätzlich lassen sich auch Videos erzeugen, die in einem Web-Portal zur Verfügung gestellt werden.

In Kombination mit dem aus Film und Fernsehen bekannten Bluescreen-Verfahren können die Benutzer zudem in attraktive virtuelle Umgebungen wie z. B.

einen Festsaal, eine Stadt oder ein Schloss versetzt werden. Durch Gesichts- und Körpererkennung können Personen mit Zusatzobjekten augmentiert werden; *virtual fitting rooms* bieten die Möglichkeit einer virtuellen Kleiderprobe (vgl. Abb. 7.2).

Abb. 7.2: Living Mirror: Virtual Fitting Room.
Quelle: (Wilkinson, 2019)

Die Anwendung ist im Einzelhandel sowohl *indoor* als auch *out of the window* einsetzbar. Beispielsweise kann ein Brillengeschäft sein Equipment im Schaufenster installieren; nur die Kamera erfasst die Passanten. Bei der Erkennung eines Gesichts wird auf dieses eine Brille platziert. Die Anprobe kann auch als Webanwendung zuhause erfolgen (vgl. Abb. 7.3). (Pearle, 2022). Die Steuerung des Brillen- oder Bekleidungswechsel kann zeit- oder gestengesteuert erfolgen.

Die Einordnung des *Living Mirror* in das Klassifikationsschema ist in Tab. 7.2 dargestellt; grau schraffierte Flächen treffen zu.

7.3 Living Print

Für das Anwendungsszenario *Living Print*, das weitestgehend der Visualisierung, seltener auch Anleitung & Kontrolle dient, existieren gegliedert in *Living Card*, *Living Brochure*, *Living Object*, *Living Book* und *Living Game* print-basiert alternative Varianten.

1. Kamera-Symbol anklicken
Das Symbol ist bei jeder Brille, die Sie virtuell anprobieren können, auf der linken Seite.

2. Zugriff erlauben
Das Programm für die virtuell Anprobe braucht Zugriff auf Ihre Webcam, um die ausgewählte Brille direkt in einer Aufnahme Ihres Gesichts zu zeigen. Das Fenster sieht so aus und kann je nach System leicht variieren.

3. Gesicht richtig positionieren
Das Tool zeigt Ihnen gestrichelte Linien an, mit deren Hilfe Sie Ihr Gesicht optimal vor der Kamera positionieren können.

4. Los geht's
Jetzt können Sie Ihre ausgewählten Brillen direkt „aufsetzen". Viel Spaß beim Probieren.

Abb. 7.3: Living Mirror: Virtuelle Brillenprobe.
Quelle: (Pearle, 2022)

7.3.1 Living Card

Die Anwendungstechnologie *Living Card* basiert auf der Erkennung eines Printmediums mithilfe von Markern oder Texturen; die Vorgehensweise sieht wie folgt aus (vgl. Abb. 7.4):
- Der Benutzer hält das Printmedium, d. h. die Sammel- oder Grußkarte in den Erfassungsbereich der Kamera.
- Auf diese Karten werden dann lagegerecht dreidimensionale Objekte platziert.
- Die Einbindung von Audio- und Videosequenzen ist möglich.

Beim Einsatz von mehreren Karten ist auch eine Interaktion der dreidimensionalen Objekte miteinander möglich. Durch Verschieben und Neuanordnen der Karten können dadurch neue Szenen entstehen. Bei der Texturerkennung – z. B. das Bild eines Dinosauriers auf einer Karte – ist die Anzahl der Objekte, die sich gleichzeitig erkennen lassen, noch durch die Rechnerleistung begrenzt. Die Karten können sowohl mit der Kamera eines PC als auch mit der Smartphone-Kamera erkannt werden.

Diese Anwendung ist vor allem im Bereich der Sammelkarten wie z. B. Fußball- oder Baseballsammelkarten und bei Grußkarten wie z. B. Weihnachtskarten oder Einladungskarten anwendbar. Um die Technologie zu nutzen, ist entweder ein Download und eine stationäre Installation eines Programms erforderlich oder die Anwendung wird im Web-Browser realisiert.

Tab. 7.2: Klassifikationsschema für Living Mirror.

Anwendungs-szenario	Living Mirror			
Technik				
Hardware	Rechner, Display oder Beamer, Webcam, gegebenenfalls Foto-Drucker			
Verfügbarkeit	Stationär	Internet		Mobil
	Eventuell Bereitstellung der Videodateien über das Internet			
Tracking-verfahren	nicht-visuell	visuell		Face
		marker-basiert	marker-less	
	Gesichtserkennung und Augmentierung um 3D Objekte			
Kommunikation				
Einsatzbereich	B2B		B2C	
	Anbahnung	Akquisition	Bindung	Rückgewinnung
Einsatzfeld	Education	Kollaboration		Konfiguration/Simulation
	Navigation/Orientierung		Präsentation/Visualisierung	
Einsatzgebiet/Einsatzzweck	Messen, POS, öffentlicher Raum, Events Stopperkonzept für Besucher-/Passantenströme Incentive für Kunden/Mitarbeiter Community Building			
Haptischer Eindruck	keiner			

Einige Anbieter kombinieren die AR Technologie mit Computerspielen. So bietet z. B. ein Hersteller Baseball-Sammelkarten an, die mithilfe eines Web-Players erkannt werden. Die Karten lassen sich beliebig drehen und bewegen, so dass das typische haptische Erlebnis entsteht. Durch einen Tastendruck lässt sich die Animation entkoppeln, d. h. der Baseball-Spieler kann – ebenfalls über Tastensteuerung – bewegt werden; entsprechende Aktionen – wie z. B. das Schlagen des Balls – lassen sich auslösen. Dieses Loslösen stellt den Übergang von Augmented Reality zu Virtual Reality dar. Durch Augmented Reality wird die Sammelkarte und damit der

Abb. 7.4: Living Card: Beispiele.
Quelle: (ARTag, 2009) (Freischlad, 2015)

Spieler *zum Leben erweckt*. Interaktion ist möglich; durch die Integration von Audio-Sequenzen wird dieser Effekt noch verstärkt (vgl. Abb. 7.5).

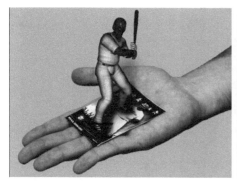

Abb. 7.5: Living Card: Beispiele mit Sammelkarten.
Quelle: (New York Times, 2009), (Freischlad, 2015)

Community-Building lässt sich über Community-Sites realisieren; registrierte Nutzer können auf entsprechende AR Web-Applikationen zugreifen. Die Käufer der Karten werden dadurch animiert, sich auf der Community-Site zu registrieren. Dieser Ansatz ist für beliebige Sammelkarten nutzbar und involviert Fans sehr stark, indem Nutzer in das Geschehen eingebunden werden.

Bei Glückwunsch- und Grußkarten, die nach dem gleichen Prinzip funktionieren, steht – anders als bei Sammelkarten – ein eher temporärer Aufmerksamkeits- und Überraschungseffekt im Vordergrund (vgl. Abb. 7.6).

Ausbaustufen im Bereich Sammelkarten ergeben sich durch die Definition von Storyboards; die Interaktion verschiedener Sammelkarten erlaubt das Erzählen von Geschichten. Je nach Kartenkombination sind kontextabhängige alternative Storyboards möglich.

Abb. 7.6: Living Card: Beispiele für Weihnachtskarten.
Quelle: (Aurea, 2010), (Christmas AR, 2021)

Die Einordnung der *Living Card* in das Klassifikationsschema ist in Tab. 7.3 dargestellt; grau schraffierte Flächen treffen zu.

7.3.2 Living Brochure

Mit *Living Brochure* wird der Einsatz der AR Technologie im Bereich Print wie z. B. Zeitschriften oder Prospekten beschrieben. Wie bei *Living Card* wird bei *Living Brochure* ein marker- oder texturbasiertes Tracking eingesetzt. Welche Variante beim Einsatz favorisiert wird, ist abhängig von der eingesetzten Tracking-Software und den dadurch entstehenden Lizenzkosten (vgl. Abb. 7.7 und Abb. 7.8).

Gerade in der Automobilindustrie findet man inzwischen recht häufig diese Technologie; BMW, Toyota oder Citroën haben mit *Living Brochures* bereits Werbekampagnen realisiert. Durch Verdecken bestimmter Bereiche der Druckvorlage lässt sich die AR Anwendung steuern. So ist es z. B. möglich, die Farbe des Fahrzeugs zu wechseln. Der Betrachter kann das Fahrzeug in unterschiedlichen Perspektiven dynamisch betrachten. Darüber hinaus sind Animationen wie z. B. das Umlegen der Sitze oder der Blick durch ein Glasdach – wie bei der AR Applikation von Citroën – möglich. Das Fahrzeug wird erlebbar und individualisierbar in seiner Gestaltung bzgl. Farbe, Modelltyp etc. Der potenzielle Kunde kann das Produkt quasi ausprobieren. Anders als bei den üblichen im Web zur Verfügung stehenden Konfigurationen hat der Kunde ein direktes Interaktionserlebnis, das durch den haptischen Charakter – der Kunde hält den Prospekt und bewegt bzw. verdeckt Teile des Prospekts – verstärkt wird (vgl. Abb. 7.9).

Tab. 7.3: Klassifikationsschema für Living Card.

Anwendungs-szenario	Living Card		
Technik			
Hardware	Rechner, Webcam, Handy		
Verfügbarkeit	Stationär	Internet	Mobil
Tracking-verfahren	nicht-visuell / visuell (marker-basiert / marker-less)		Face
	Marker-/Texturerkennung und Augmentierung mit 3D-Objekten		
Kommunikation			
Einsatzbereich	B2B (Anbahnung / Akquisition)		B2C (Bindung / Rückgewinnung)
Einsatzfeld	Education / Kollaboration		Konfiguration/Simulation
	Navigation/Orientierung	Präsentation/Visualisierung	
Einsatzgebiet/Einsatzzweck	Sammelkarten, Glückwunschkarten, Einladungen Zusatznutzen für Sammelkarten Incentive für Kunden/Mitarbeiter Community Building		
Haptischer Eindruck	Ja, durch Karten-Interaktion		

Auch Tageszeitungen wenden sich Augmented Reality zu; so hat z. B. die Welt ihre redaktionelle Berichterstattung mit AR-Inhalten ergänzt (vgl. Abb. 7.10) (Meedia, 2013). Artikel werden mit entsprechenden Symbolen gekennzeichnet und die Print-Vorlage um Videos oder 3D-Graphiken ergänzt. Die Integration von AR Sequenzen in Magazinen mittels interaktiver Modestrecken, Witze erzählender Schauspieler oder Autowerbung auf dem Rechnerbildschirm generieren. Wow-Effekte, die besonders für Anzeigekunden interessant sind, die bei ihrer Zielgruppe einen nachhaltigen Eindruck hinterlassen möchten. In der Diskussion um Augmented Reality findet man deshalb auch immer öfter den Begriff *Tryvertizing*. (AugmentedPlanet, 2010).

Abb. 7.7: Living Brochure: Tageszeitung und Auto-Prospekt.
Quelle: (St. Elmos, 2021), (Aurea, 2010)

Abb. 7.8: Living Brochure Anwendungen.
Quelle: (Mini, 2008), (Medium, 2016)

Unter *Tryvertizing* versteht man in der klassischen Werbung die Möglichkeit, Produkte vor dem Kauf zu testen. Tryvertizing [...] „is all about consumers becoming familiar with new products by actually trying them out." (Trendwatching, 2005)

Bereits 2010 setzte Toyota bei Werbekampagnen wie beim Modell Auris AR ein. Marker dienten als Markierungen und es war– z. B. auf dem Schreibtisch – möglich, einen Parcours aufzubauen, der mit dem virtuellen Fahrzeug durchfahren werden konnte. Im Jahr 2021 kann der Anwender einen Marker ausdrucken, mit einer App sein Wunschfahrzeug individuell konfigurieren und das Modell in das eigene Umfeld projizieren.

Abb. 7.9: Living Brochure: Toyota-Kampagne.
Quelle: (Toyota, 2021)

Abb. 7.10: Living Brochure: Klassische Tageszeitung.
Quelle: (ProcSet Media Solutions, 2019), (ASIA Plus, 2018)

Der ausgedruckte Texturmarker kann auch als Bedienelement für ein Compu-
terspiel dienen. Bei der Mini-Kampagne von BMW wurde z. B. ein ausgedrucktes
Bild eines Lenkrades von der Kamera erfasst und das – heruntergeladene und in-
stallierte – Fahrsimulationsprogramm gestartet. Die Richtungssteuerung des virtuellen Fahrzeugs auf dem Bildschirm erfolgte durch das Drehen des Bildes; die
Geschwindigkeit wurde über Verdeckungen bestimmter Teilbereiche geregelt.

Die Kombination aus mobilem Endgerät und Printmedium zeigen AR Applikationen bei klassischen Tageszeitungen (vgl. Abb. 7.10). In vielen Fällen werden aber
nur Bildmarker benutzt, um Videos aufzurufen.

Durch den Einsatz von Augmented Reality lassen sich Printmedien mit einem Zusatznutzen ausstatten. Bereits vorhandene Materialien wie z. B. Prospekte werden um Zusatzinformationen angereichert. Mithilfe dieser Technologie kann z. B. der klassische Werbeträger-Prospekt für den Kunden an Attraktivität gewinnen. Beispielsweise kann man eine Zusatzinformation wie ein Sonderangebot nur durch Augmentierung sichtbar werden lassen. Dies kann zuhause beim Kunden erfolgen – in Verbindung mit einer Webcam und einer Webanwendung, die sich im Portal des Anbieters finden lässt. Alternativ lässt sich die Technologie durch Stelen, in die die entsprechende Technologie integriert ist, am POS verfügbar machen. Parallel dazu kann man dieses Vorgehen mit Gewinnspielen kombinieren, d. h. die Kunden halten am POS den Prospekt unter die Kamera der Stele im Verkaufsraum. Bei jeder x-ten Erkennung wird ein Incentive angezeigt und gegebenenfalls direkt als Bonus-Bon ausgedruckt.

Schon seit 2014 bietet IKEA bietet die immer leistungsfähigere IKEA Place App an, um bestimmte Produkte nicht nur um 3D-Objekte anzureichern, sondern um diese 3D-Objekte wie z. B. einen Sessel in die reale Wohnung des Kaufinteressenten lagegerecht zu platzieren (IKEA, 2021) Heute genügt die App, um Möbelstücke in den eigenen Räumen virtuell frei im Raum zu platzieren; die jeweiligen 3D-Objekte werden per Download zur Verfügung gestellt (vgl. Abb. 7.11). Hier verschwimmen *Living Brochure* und *Living Architecture* (vgl. Abschnitt 7.5).

Abb. 7.11: Living Brochure: Einrichtung.
Quelle: (Metaio, 2010), (IKEA, 2021).

Tab. 7.4 fasst die Klassifikationsergebnisse zu *Living Brochure* zusammen; grau schraffierte Flächen treffen zu.

7.3.3 Living Object

Das *Living Object* unterscheidet sich von der *Living Brochure* dadurch, dass auf einem Objekt – z. B. einer Verkaufsverpackung – Bilder und/oder Marker aufge-

Tab. 7.4: Klassifikationsschema für Living Brochure.

Anwendungs-szenario	Living Brochure		
Technik			
Hardware	Rechner, Webcam, Handy		
Verfügbarkeit	Stationär	Internet	Mobil
Tracking-verfahren	nicht-visuell	visuell marker-basiert / marker-less	Face
	Marker-/Texturerkennung und Augmentierung mit 3D-Objekten		
Kommunikation			
Einsatzbereich	B2B Anbahnung / Akquisition	B2C Bindung / Rückgewinnung	
Einsatzfeld	Education	Kollaboration	Konfiguration/Simulation
	Navigation/Orientierung	Präsentation/Visualisierung	
Einsatzgebiet/Einsatzzweck	POS, @home, Messen, Ausstellungen Zusatznutzen für Printmedien (Prospekte, Zeitschriften) Incentive für Kunden/Mitarbeiter Community Building		
Haptischer Eindruck	Ja, durch Marker-Interaktion		

bracht sind. Bei einer Verpackung ist der haptische Aspekt (hap.dig) ungleich größer, da die Verpackung gedreht, von mehreren Seiten betrachtet und gegebenenfalls augmentiert werden kann. *Living Brochure* und *Living Object* sind von der technologischen Ausprägung identisch, unterscheiden sich jedoch in der Handhabung und ihren Möglichkeiten, so dass eine getrennte Betrachtung erfolgt.

Anders als bei *Living Brochure* stehen bei einem *Living Object* wie z. B. einer Verkaufsverpackung mindestens zwei Flächen für die Aufbringung von Markern zur Verfügung – Vorder- und Rückseite. Bei entsprechender Verpackungsgröße können auch die Seitenteile einbezogen werden. So setzte Lego (Lego, 2010) schon vor fast 15 Jahren ein sogenanntes Kiosk-System ein (vgl. Abb. 7.12), um den Inhalt

Abb. 7.12: Living Object: Lego Verpackung.
Quelle: (Mobile Venue, 2010)

von Teile-Schachteln mithilfe von AR detaillierter zu erklären und zu visualisieren. Anstelle von Explosionszeichnungen, die einen Eindruck vom späteren Modell vermitteln, lässt sich das Modell so greifbar visualisiert gestalten und dem Betrachter präsentieren. Das von Lego gewählte System ist verkaufsfördernd: empirische Untersuchungen in Geschäften, in denen ein derartiges POS installiert war, weisen seit 2008 deutliche Umsatzsteigerungen aus.

Ein weiterer Schritt ist die Möglichkeit 3D-Objekte als Marker einzusetzen. Unter dem Namen Lego Hidden Side setzt Lego *Living Object* ein, um Lego-Modelle, die der Kunde zusammengesetzt hat, um zusätzliche Erlebnisse zu erweitern (Behance, 2016) Heute ist AR ein wesentlicher Bestandteil des kompletten Spielerlebnisses geworden (vgl. Abb. 7.13).

Weitere Beispiele für *Living Object*s sind augmentierte technische Geräte oder Spielzeuge (vgl. Abb. 7.14).

Tab. 7.5 fasst die Klassifikationsergebnisse zu *Living Object* zusammen; grau schraffierte Flächen treffen zu.

7.3.4 Living Book

Technologisch gesehen ist *Living Book* identisch mit *Living Card* bzw. *Living Brochure*. Ziel dieser Anwendung ist es, dem Leser eines klassischen Buchs mit AR Elementen einen plastischen Eindruck einer Abbildung zu vermitteln. Dies kann marker-based oder maker-

Abb. 7.13: Living Object: Lego.
Quelle: (Lego, 2021)

Abb. 7.14: Living Object: Nutzung von 3D-Texturmarkern.
Quelle: (Wikitude, 2017)

less erfolgen. Eine Manipulation der Objekte erfolgt durch Drehen des Markers und/oder durch Tastatureingaben. Smartphone-basierte Lösungen sind ebenfalls realisierbar.

Durch AR können sowohl bereits erschienene als auch speziell didaktisch aufbereitete Bücher den Lesestoff anschaulicher und interaktiver vermitteln (vgl. Abb. 7.15).

Einsatzbereich dieser Technologie ist der Freizeit- und Edutainment-Bereich Die Technologie erkennt automatisch das Layout der Buchseiten und projiziert digitale Medien über das Smartphone oder Tablet direkt auf die passende Stelle im Buch (Metabuch, 2021). Im Rahmen der Diskussion über die Digitalisierung in der Schule werden auch vermehrt Printmedien mit entsprechenden Erweiterungen (AR Apps, Stifte, Brillen) diskutiert. Derartige Medien für Kinder kämpfen in Deutschland allerdings noch um Akzeptanz. Viele Eltern und Pädagogen tun sich schwer mit digitalen For-

Tab. 7.5: Klassifikationsschema für Living Object.

Anwendungs-szenario	Living Object		

Technik			
Hardware	Rechner, Webcam, Handy		
Verfügbarkeit	Stationär	Internet	Mobil

Tracking-verfahren	nicht-visuell	visuell		Face
		marker-basiert	marker-less	
	Marker-/Texturerkennung und Augmentierung mit 3D-Objekten			

Kommunikation			
Einsatzbereich	B2B		B2C	
	Anbahnung	Akquisition	Bindung	Rückgewinnung
Einsatzfeld	Education	Kollaboration	Konfiguration/Simulation	
	Navigation/Orientierung	Präsentation/Visualisierung		
Einsatzgebiet/ Einsatzzweck	POS, @home, Messen, Ausstellungen Inhaltserklärungen bei Verkaufsverpackungen Incentive für Kunden/Mitarbeiter Community Building			
Haptischer Eindruck	Ja, durch Interaktion mit Objekt (z.B. Verpackung)			

maten. Der Buchhandel dagegen hofft bei solchen Entwicklungen auf eine Teilhabe am digitalen Wandel (Goethe Institut, 2016). Ob und inwieweit der Einsatz von AR in Büchern die Lesebereitschaft tatsächlich erhöht, wurde empirisch noch nicht untersucht. Wissenschaftlich auch noch nicht untersucht ist die Wirkung von augmentierter Literatur auf das Leseverhalten vor allem Jugendlicher. Da diese heutzutage recht viel Zeit am Rechner verbringen und die Lesebereitschaft gemäß PISA-Studie, vor allem bei männlichen Jugendlichen; insgesamt sinkt (OECD, 2021), ist die Frage, ob AR die Akzeptanz eines gedruckten Buches für diese Zielgruppe erhöhen kann. Führt der Handlungsstrang in der Interaktion des Buches und der AR Anwendung immer wieder dazu, dass Textpassagen im Buch gelesen werden müssen, um den Hand-

Abb. 7.15: Living Book: Visualisierung von Inhalten.
Quelle: (Devicedaily, 2008), (Dumont, 2021)

Abb. 7.16: Living Book: Wonderbook.
Quelle: (Sony, 2012)

lungsablauf insgesamt zu verstehen, kann dies die Lesebereitschaft womöglich erheblich steigern.

Bereits 2012 stellte Sony das *Wonderbook* für die Playstation 3 vor (vgl. Abb. 7.16); die Kamera der Playstation erkennt Buch und Position, Entfernung und Winkel zur Kamera und blendet dabei sogar die Umgebung aus. (Sony, 2012) Bei diesem *Buch der Zaubersprüche* erfolgt klassisches *Living Print* in Verbindung mit einem 3D-Sensor, um Interaktion per Hand zu ermöglichen.

Mit dem zunehmenden Aufkommen von E-Books sind weitere Anwendungen möglich; diese sind dann technologisch gesehen identisch mit dem *Living Game mobile* (vgl. Abschnitt 7.4).

Tab. 7.6 fasst die Klassifikationsergebnisse zu *Living Book* zusammen; grau schraffierte Flächen treffen zu.

Tab. 7.6: Klassifikationsschema für Living Book.

Anwendungs-szenario	Living Book			
Technik				
Hardware	Rechner, Webcam, Handy, gegebenenfalls Spezialbrille			
Verfügbarkeit	Stationär	Internet		Mobil
Tracking-verfahren	nicht-visuell	visuell		Face
		marker-basiert	marker-less	
	Marker-/Texturerkennung			
Kommunikation				
Einsatzbereich	B2B		B2C	
	Anbahnung	Akquisition	Bindung	Rückgewinnung
Einsatzfeld	Education	Kollaboration	Konfiguration/Simulation	
	Navigation/Orientierung	Präsentation/Visualisierung		
Einsatzgebiet/Einsatzzweck	@home Visualisierung von Buchinhalten gegebenenfalls erweitert um Video- und Audiosequenzen			
Haptischer Eindruck	Ja			

7.3.5 Living Game print-basiert

Unter *Living Game* werden alle Anwendungen, die der spielerischen Unterhaltung dienen, zusammengefasst. Dabei kann es sich – ähnlich wie bei *Living Book* – um die Anreicherung eines klassischen Brett-Spiels mit 3D-Objekten bzw. Video- und/oder Audiosequenzen (*Living Game print-basiert*) oder mobiltelefonbasierte Spiele (*Living Game mobile*) (vgl. 7.4) handeln.

Beim *Living Game print-basiert* werden Print-Vorlagen – marker-based oder marker-less – als Marker benutzt (vgl. Abb. 7.17). Die Vorlage kann das gesamte

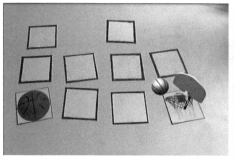

Abb. 7.17: Living Game print-basiert: Brett-/Kartenspiele.
Quelle: (Augmented Reality Games, 2021), (Tilt Five, 2021)

Abb. 7.18: Living Game print-basiert: LivingBoard.
Quelle: (LiveGameBoard, 2021)

Spielbrett oder nur Teile davon umfassen. Auch Spielkarten, die zufällig gezogen werden, können als Marker dienen. In diesem Fall ist die Anwendung identisch mit dem Anwendungsszenario *Living Card*. Karten mit augmentierten 3D-Objekten interagieren miteinander und können dadurch sehr viele unterschiedliche Szenarien bewirken. Darüber hinaus lassen sich die Objekte vom Tracker lösen und über Maus oder Joystick steuern. Deshalb bezeichnet man diese Art der Living Games auch als „missing link between boardgames and videogames". (Augmented Reality Games, 2021)

Tilt Five ist ein AR-Spiel neuester Generation. Das Spielset besteht aus AR-Brille, Spielbrett und Controller. Durch die AR-Brille erwacht das Spielbrett zum Leben, Umgebung, Figuren und Effekte werden in 3D dargestellt. Mit seinem Spielprinzip und der entsprechenden Technik, die viele Anhänger findet, konnte Tilt Five Venture Capital einnehmen. Zu den Investoren zählen SIP Global Partners und Logitech. (TZ, 2020). Ein weiteres Beispiel für Augmented Reality Games ist das AR-Spiel Living-Board (vgl. Abb. 7.18). Bezugspunkt der Spielaktivitäten ist eine Print-Vorlage; durch verschiedene Bild-Marker werden unterschiedliche Spielszenarien ausgelöst.

Tab. 7.7 fasst die Ergebnisse zu *Living Game print-basiert* zusammen; grau schraffierte Flächen treffen zu.

Tab. 7.7: Klassifikationsschema für Living Game print-basiert.

Anwendungs-szenario	Living Game print-basiert			
	Technik			
Hardware	Rechner, Webcam, Handy, Spielbrett oder - karten, gegebenenfalls Spezialbrille, Handy und andere mobile Einheiten			
Verfügbarkeit	Stationär	Internet		Mobil
Tracking-verfahren	nicht-visuell	visuell		Face
		marker-basiert	marker-less	
	Marker-/Texturerkennung, Natural Feature Recognition			
	Kommunikation			
Einsatzbereich	B2B		B2C	
	Anbahnung	Akquisition	Bindung	Rückgewinnung
Einsatzfeld	Education	Kollaboration		Konfiguration/Simulation
	Navigation/Orientierung	Präsentation/Visualisierung		
Einsatzgebiet/ Einsatzzweck	@home Entertainment			
Haptischer Eindruck	Ja, wenn die Steuerung über reale Objekte erfolgt			

7.4 Living Game mobile

Spiele auf dem Smartphone gibt es schon, seitdem diese mit einem entsprechenden Display ausgeliefert wurden. Seit einigen Jahren spielt bei diesen Applikationen auch AR eine Rolle; *Living Game mobile* werden zunehmend entwickelt. Tablets haben diesen Trend deutlich verstärkt. Beispielsweise können dreidimensionale (virtuelle) Objekte und die reale Umgebung – erfasst durch die Sensorik der Geräte – miteinander kombiniert werden. Weiterhin ist es durch Trägheitssensoren möglich, diese Objekte durch Bewegen des Gerätes zu steuern. Dadurch entsteht wiederum ein haptisches Erlebnis. Das wohl bekannteste Beispiel für eine solche Anwendung ist PokèmonGo (Niantic, 2021), das 2016 auf den Markt kam und über drei Milliarden Mal heruntergeladen wurde. In dem Spiel können die Spieler virtuelle Fantasiewesen selbst entwickeln, fangen und in virtuellen Kämpfen gegeneinander antreten lassen (vgl. Abb. 7.19). PokèmonGo etablierte den Begriff Augmented Reality weltweit. Im engeren Sinne war dieses Spiel in der Ursprungsversion kein AR-Spiel, da die Positionierung der Spielfiguren im Raum nicht lagegerecht erfolgte. Niantic konnte mit diesem Spiel bis 2021 einen Umsatz von 5 Milliarden Dollar erzielen und ist zum Global Player im Bereich der AR-Spiele geworden (SensorTower, 2021).

Ein weiteres Beispiel für AR-Games mobile ist Jurassic World Alive, ein kostenloses, standortbasiertes mobiles Spiel, das über einen AR-Modus verfügt (vgl. Abb. 7.20).

In zunehmendem Maße wird als Tracking-Technologie *Natural Feature Recognition* eingesetzt. Vorreiter war die Playstation von Sony mit dem Spiele-Produkt Eye-Pet, bei dem ein virtuelles Haustier, mit dem man per Gestensteuerung interagiert, in die reale Umgebung platziert wird (vgl. Abb. 7.21).

Der Smartphone-Chip-Hersteller Qualcomm baute schon frühzeitig seine Investitionen im Bereich AR auf und unterstützte Forschungsarbeiten am Game-Studio des Georgia Instituts of Technology in Atlanta. Ziel der Zusammenarbeit war die Entwicklung eines Software Developer Kit (SDK) ab, das Qualcomm bereits 2010 anbot. (Basic Thinking, 2010) Einer der ersten Pilotanwender dieses SDKs war Mattel, der neue Spiel-Konzepte testet. (Heise, 2010) Mit Vuforia steht den Entwicklern ein Software Development Kit (SDK) zur Verfügung, das die Möglichkeit der Entwicklung AR basierter Apps bietet. Diese Entwicklung verhilft insbesondere AR Anwendungen auf Smartphones zu einem Durchbruch. Gerade die Integration der Trackingsoftware direkt in den Prozessor wie z. B. bei Qualcomm eröffnet neue Anwendungsmöglichkeiten.

Videospielhersteller setzen als Benutzerschnittstelle spezielle Handhelds wie z. B. PlayStation Portable ein, die über einen größeren Bildschirm als handelsübliche Smartphones verfügen. Auch hier ist der Einsatz von Tablets durch die größeren Displays von Vorteil. 3D-Objekte lassen sich gut sichtbar in die reale Umgebung integrieren, um z. B. Dinosaurier oder Zombies zu jagen (vgl. Abb. 7.22).

Auch Google bietet mit Ingress seit 2014 ein Augmented Reality Game an; dieses verbindet die Idee des Geo-Caching mit AR Komponenten: Die Spieler agieren

Abb. 7.19: Living Game mobile: PokèmonGo.
Quelle: (APKMOD, 2020)

Abb. 7.20: Living Game mobile: Jurassic World Alive.
Quelle: (IMore, 2018)

hierbei weltweit in zwei verschiedenen Teams. Die Darstellung basiert dabei auf Google Maps-ähnlichen Darstellungen; bei bestimmten Punkten, sogenannten Portalen, werden Objekte in die reale Umgebung eingefügt, mit denen der Spieler interagiert (vgl. Abb. 7.23).

Tab. 7.8 fasst die Ergebnisse zu *Living Game mobile* zusammen; grau schraffierte Flächen treffen zu.

Abb. 7.21: Living Game mobile: Eyepet.
Quelle: (Eyepet, 2014)

Abb. 7.22: Living Game mobile: Zombies Everywhere!.
Quelle: (Useless Creations, 2014)

Abb. 7.23: Living Game mobile: Ingress.
Quelle: (Ingress, 2014)

Tab. 7.8: Klassifikationsschema für Living Game mobile.

Anwendungs-szenario	Living Game mobile			

Technik				
Hardware	Handy und/oder andere mobile Endgeräte			
Verfügbarkeit	Stationär	Internet		Mobil
Tracking-verfahren	nicht-visuell	visuell		Face
		marker-basiert	marker-less	
	Marker-/Texturerkennung, Natural Feature Recognition			

Kommunikation				
Einsatzbereich	B2B		B2C	
	Anbahnung	Akquisition	Bindung	Rückgewinnung
Einsatzfeld	Education	Kollaboration	Konfiguration/Simulation	
	Navigation/Orientierung	Präsentation/Visualisierung		
Einsatzgebiet/Einsatzzweck	@home Entertainment Infotainment Community Building			
Haptischer Eindruck	Ja, da die Steuerung über mobile Endgeräte erfolgt			

7.5 Living Architecture

Stand der Technik in der Architektur ist die Entwicklung und Visualisierung von Konstruktionen im Rechner. Häufig tritt hier das Problem auf, dass dem Kunden z. B. bei einem Wettbewerb ein optischer Eindruck zu vermitteln ist. Dies geschieht in der Regel dadurch, dass Modelle angefertigt oder vorhandene 3D-Bilder präsentiert werden. Dabei ist der Kunde aber ein passiver Betrachter, d. h. der Präsentator bedient eine entsprechende 3D-Software, um das Objekt aus verschiedenen Perspektiven oder Beleuchtungssituationen zu simulieren. Augmented Reality ermöglicht hingegen die aktive Einbindung des Kunden.

Für ein *Living Architecture* das alle drei Realisierungsstufen unterstützen kann, sind alternative Szenarien denkbar (vgl. Abb. 7.24):

1. Szenario
- Mit einem *Living Print* kann der Betrachter mithilfe eines Texturmarkers ein Modell bewegen und aus verschiedenen, aktiv gewählten Blickwinkeln betrachten. Der haptische Eindruck und die Möglichkeit, selbst einzugreifen und zu bestimmen, was wie dargestellt wird, unterstützen die Wirkung auf den Kunden. Sensitive Bereiche auf dem Marker erlauben weitere Steuerungsmöglichkeiten der Animation. Dadurch ist es z. B. möglich, das Objekt zu zoomen, d. h. zu vergrößern oder zu verkleinern, Gebäudeteile auszublenden oder bestimmte Räume zu *betreten*. Beispielsweise kann das Dach ausgeblendet werden, um in das Innere zu sehen. Außerdem lassen sich spezifische Aspekte wie z. B. Konstruktionsdetails hervorheben.
- Ein Vorteil besteht darin, dass diese Applikation auch beim Kunden verbleiben kann. So können z. B. Personen, die nicht an der offiziellen Präsentation teilnehmen konnten, auch später einen hervorragenden optischen Eindruck gewinnen.
- Das gleiche Verfahren lässt sich auch bei bereits bestehenden Gebäuden einsetzen. Dies kann dazu dienen, einem Besucher eines Gebäudes wie z. B. eines Museums oder auch eines Kreuzfahrtschiffs Orientierungshilfen zu geben oder das Objekt selbst zu erklären bzw. zu animieren.

Abb. 7.24: Living Architecture: Beispiele.
Quelle: (Aurea, 2010), (3DQE, 2021)

2. Szenario
- Ein Betrachter möchte einen Raum oder ein ganzes Gebäude *erfahren*: Durch Bewegungen wie z. B. Drehen des Kopfes oder Gehen durch einen realen Raum und weitere Aktionen – Sprache oder Gestik – bestimmt er die Darstellung selbst und entspricht der Realisierungsstufe 2.

– Dieses Verfahren wird im Architekturbereich und in der industriellen Anwendung bereits seit einigen Jahren erfolgreich eingesetzt. Handelt es um große Projekte wie z. B. die Entwicklung eines neuen Flugzeuges oder die Konzeption einer Produktionshalle, hilft dieses Verfahren bereits in frühen Stadien, einerseits dem Kunden größtmögliche Visualisierung zu bieten, aber auch andererseits Fehler zu vermeiden und Verbesserungsaspekte aufzudecken.

Auch im B2C-Bereich sind derartige Anwendungen sinnvoll einsetzbar. Während der HAI Show, einer Luftfahrtmesse in Houston/Texas, wurde bereits 2008 ein realer Hubschrauber in der Messehalle installiert. Da es diesen aber in den verschiedensten Ausstattungsvarianten gibt, wurde der reale Helikopter ohne Innenausstattung geliefert. Potenzielle Kunden konnten auf der Ausstellung – mithilfe eines Head-Up-Displays – einen Eindruck der verschiedenen Ausstattungsmöglichkeiten gewinnen. Dadurch wurden erhebliche Kosten gespart und überhaupt erst die Möglichkeit gegeben, Interessenten eine Vielzahl von Varianten zu präsentieren. Ähnliche Lösungen sind z. B. in der Automobilindustrie beim Vertrieb von Wohnmobilen denkbar. Ähnliche Lösungen werden z. B. in der Automobilindustrie oder beim Vertrieb von Wohnmobilen eingesetzt.

Bei beiden Szenarien sind die vorhandenen räumlichen Gegebenheiten bekannt, d. h. die Ausmaße des Helikopters, die weiteren räumlichen Spezifika wie z. B. Rundungen im Innenraum, Fenster, Türen, etc. und weitere Details liegen vor. Durch die verbesserte Sensorik der eingesetzten Geräte (Smartphones, Tablets, Brillen) müssen die vorliegenden räumlichen Gegebenheiten nicht unbedingt bekannt sein, sondern es wird in Echtzeit der Raum erfasst, zumindest wenn es sich um eine Anwendung in geschlossenen Räumen handelt. Im freien Gelände helfen GPS und Richtungssensoren, um eine lagerechte Einblendung des 3D-Objektes zu ermöglichen. Die Technik dafür entwickelten Wissenschaftler des Fraunhofer-Instituts für Graphische Datenverarbeitung IGD in Darmstadt schon 2003 im Rahmen des europäischen Forschungsprojektes ARIS (Augmented Reality Image Synthesis) gemeinsam mit Forschungs- und Industriepartnern wie IKEA (vgl. Abschnitt 7.3.2).

Ein weiteres Beispiel ist die Dulux-Visualizer App. Dulux bietet seinen Kunden einen innovativen Service, der auf AR-Technologie basiert und die Auswahl von Wandfarben erleichtert. Mithilfe der Anwendung können Kunden im Live-Modus bereits vor dem Anstrich testen, wie bestimmte Farbtöne und Kombinationen in Räumen wirken. Farbkombinationen lassen sich einfach per Foto bzw. Panorama-Video speichern und mit Freunden auf sozialen Netzwerken teilen. Zudem bietet die App ein Farberkennungsfeature, das Farben und Töne mithilfe der durch die Kamera erfassten Bilder ermittelt. So lassen sich beispielsweise Farbtöne der eigenen Möbel von der App erkennen und dazu passende Farben aus der eigenen Produktpallette werden vorgeschlagen (Dulux, 2021).

Ein anderes Beispiel für ein *Living Architecture* ist die Rekonstruktion der Berliner Mauer als Applikation auf dem Smartphone, um Geschichte anschaulich zu verdeutlichen (vgl. Abb. 7.25) (Kolski, 2022).

Abb. 7.25: Living Architecture: Berliner Mauer.
Quelle: (Kolski, 2022)

Tab. 7.9 fasst die Klassifikationsergebnisse zu *Living Architecture* zusammen; grau schraffierte Flächen treffen zu.

7.6 Living Poster

In Abschnitt 7.1.3 wurde bereits die Funktionsweise eines *Living Mirror* aufgezeigt. In Abgrenzung dazu versteht man unter einem *Living Poster* eine Werbebotschaft im öffentlichen Raum, die mit Augmented Reality um Zusatznutzen erweitert wird. Dabei kann es sich um das klassische gedruckte – passive – Plakat oder um ein elektronisches – aktives – Plakat (*Digital Signage*), das weitestgehend der Visualisierung, seltener auch Anleitung & Kontrolle dient, handeln.

Beim gedruckten Plakat beschränkt sich die Anwendung auf mobile Devices des Anwenders, d. h. in der Regel wird es sich um ein Smartphone handeln. Da die Rechnergeschwindigkeit von Smartphones noch eingeschränkt ist, werden bei solchen Lösungen Marker auf das Plakat aufgebracht.

Dabei gibt es einen direkten Zusammenhang zwischen der Markergröße und dem gewünschten Mindestabstand des Anwenders. Bei einer Markergröße von ca. 15 x 15 cm kann man – abhängig von Smartphone- und Beleuchtungsqualität –

Tab. 7.9: Klassifikationsschema für Living Architecture.

Anwendungs- szenario	Living Architecture			
Technik				
Hardware	Rechner, Webcam			
Verfügbarkeit	Stationär	Internet		Mobil
Tracking- verfahren	nicht-visuell	visuell		Face
		marker- basiert	marker- less	
	Marker-/Texturerkennung, Natural Feature Recognition			
Kommunikation				
Einsatzbereich	B2B		B2C	
	Anbahnung	Akquisition	Bindung	Rückgewinnung
Einsatzfeld	Education	Kollaboration		Konfiguration/Simulation
	Navigation/Orientierung		Präsentation/Visualisierung	
Einsatzgebiet/ Einsatzzweck	@home, Messen, Ausstellungen, Architektur Gebäudevisualisierung Wegweiser-System Augmentierung von Innenräumen			
Haptischer Eindruck	Ja, durch Interaktion mit Objekt (z.B. Foto eines Gebäudes)			

von einem Maximalabstand von vier Metern ausgehen, für den ein Tracking im Normalfall erfolgreich funktioniert. Für diese Vorgehensweise hat sich der Begriff *Mobile Tagging* etabliert. Bildmarker sind auch einsetzbar; dann dient in der Regel das komplette Plakat-Bild als Marker.

Mobile Tagging beschreibt den Vorgang, bei dem mithilfe einer Kamera eines mobilen Endgeräts ein 1D- bzw. 2D-Barcode ausgelesen wird. (Mobile Tagging, 2007)

Digital Signages, d. h. aktive Plakate haben den Vorteil, dass sich Werbebotschaften zeitgesteuert einsetzen lassen. Nach einer genaueren Untersuchung der Adressaten-Ströme wie z. B. Passanten, Autofahrer können Werbebotschaften sehr gezielt eingesetzt werden. Darüber hinaus erlauben derartige Systeme, mit dem Betrachter in Verbindung treten. Dies geschieht beispielsweise über die Infrarot-Schnittstelle des Smartphones. Ströer bietet z. B. ein derartiges System unter dem Namen *Wireless Poster Control* an (vgl. Abb. 7.26). (Ströer, 2010)

Abb. 7.26: Wireless Poster.
Quelle: (Ströer, 2010)

Bei einer derartigen Anwendung besteht die Möglichkeit, direkt mit dem Werbetreibenden in Verbindung zu treten und Augmentierungen mit 3D-Objekten, Video oder Audio auf dem Smartphone zu nutzen. Der Nachteil einer derartigen Anwendung liegt darin, dass der Anwender selbst aktiv werden muss. Dies wird er jedoch normalerweise nur, wenn er neugierig ist oder das Gefühl verspürt, einen direkten Nutzen zu haben.

Digital Signage-Systeme sind in der Regel mit einer eigenen Rechnereinheit ausgestattet. Mit dem Einbau einer Kamera sind darüberhinausgehende Anwendungen möglich. Wie beim *Living mirror* in Abschnitt 7.1.3 besteht auch hier die Möglichkeit, den Betrachter selbst mit weiteren Objekten zu versehen. Dies lässt sich auch auf spezifische Zielgruppen oder Lokationen übertragen. In dieser Form liegt eine Kombination aus dem klassischen Plakat und dem *Living mirror* vor. Solange kein Betrachter vom System erkannt wird, läuft die Standard-Werbebotschaft ab.

Neue Verfahren der Gesichtserkennung, die sowohl im öffentlichen Raum als auch am POS einsetzbar sind, ermöglichen eine Analyse und Zuordnung des Betrachters zu einer Altersgruppe und zu einem Geschlecht (vgl. Abb. 7.27). D. h. die Kamera erkennt einen Betrachter, analysiert Alter und Geschlecht, ordnet zu und spielt den entsprechenden Content ab. Der Betrachter wird in eine entsprechende Umgebung integriert; eine Anreicherung um weitere virtuelle 3D-Objekte ist möglich. Dies lässt sich sogar für eine Gruppe von Personen realisieren: In diesem Fall ermittelt das System einen Durchschnittswert der Erkennung.

– Altersdurchschnitt – mehr Frauen → weiblicher Content für entsprechende Altersgruppe
– Altersdurchschnitt – mehr Männer → männlicher Content für entsprechende Altersgruppe
– Sollte es keine eindeutige Mehrheit geben, wird ein neutraler Content gezeigt.

Abb. 7.27: Geschlechts- und altersabhängige Werbebotschaften.
Quelle: (Rethink Industries, 2020)

Abhängig vom Ergebnis ist es möglich, die Werbebotschaft oder Animation sehr zielgerichtet einzusetzen. Die Vorgehensweise könnte wie folgt aussehen. Mithilfe einer Matrix wird die aktuelle Situation beurteilt; in diesem Fall wird eine 9 x 9 Matrix zugrunde gelegt (vgl. Abb. 7.28).

Geschlecht		
männlich	weiblich	neutral
bis 25	bis 25	bis 25
25 bis 50	25 bis 50	25 bis 50
50 +	50 +	50 +

(Alter)

Abb. 7.28: Living Poster: Exemplarische 9 x 9 Merkmalsmatrix.

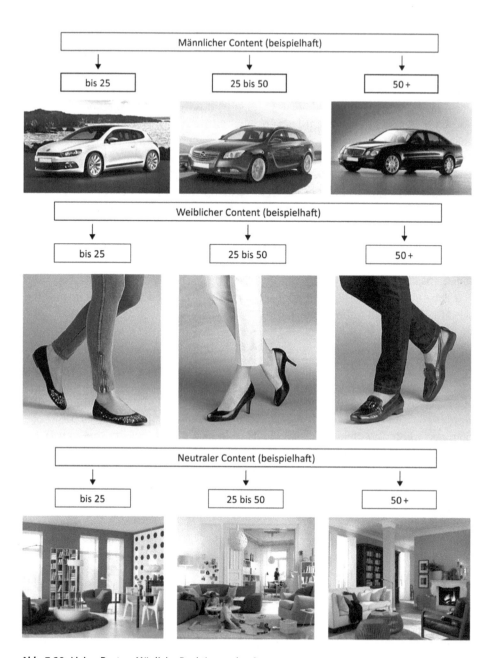

Abb. 7.29: Living Poster: Mögliche Reaktionen des Systems.

Die Reaktionen des Systems auf *Betrachter vorwiegend männlich*, *Betrachter vorwiegend weiblich* und *geschlechtsneutral* sind beispielhaft in Abb. 7.29 dargestellt.

In einer ersten Ausbaustufe derartiger Szenarien liegt kein Augmented Reality im engeren Sinne vor; erst wenn zwischen realen und virtuellen Objekten ein dreidimensionaler Bezug hergestellt wird, liegt Augmented Reality im engeren Sinne vor.

Als Nebeneffekt einer derartigen Installation kann das System zusätzlich Daten über die Betrachter sammeln. So lassen sich Konsumentenströme und Betrachtungsdauer sehr zielgenau messen und in entsprechenden CRM-Anwendungen auswerten. Abhängig davon lassen sich Werbebotschaften deutlich zielgruppenadäquater einsetzen. Die Daten können direkt an die Werbetreibenden übermittelt werden.

Living Walls stellen eine Sonderform für Living Poster dar; spezielle Projektionswände können großflächig transparent gestaltet und um entsprechende Werbebotschaften angereichert werden. Da dieses Verfahren aufgrund seiner hardware-technischen Anforderungen sehr kostenintensiv ist, existiert es nur in prototypischen Ansätzen.

Tab. 7.10 fasst die Klassifikationsergebnisse zu Living Poster zusammen; grau schraffierte Flächen treffen zu.

7.7 Living Presentation

Messestände und Präsentationen müssen immer spektakulärer und interessanter werden, damit sie in Zeiten der Informationsüberflutung überhaupt noch wahrgenommen werden. Mittels AR Technologie lässt sich dieses Ziel in Form von *Living Presentation*, das weitestgehend der Visualisierung, seltener auch Anleitung & Kontrolle dient, erreichen. Darüber hinaus ist es möglich, reale Objekte, die aufgrund von Größe oder Komplexität nicht live präsentierbar sind, darzustellen und sogar mit diesen zu interagieren.

1. Szenario
- Bei einer Unternehmenspräsentation sind große Objekte wie z. B. Industrieanlagen, Lokomotiven oder Windkrafträder in die Präsentation einzubeziehen; dies ist ohne AR nur mit klassischen Bildern oder Videosequenzen möglich. Mit der heutigen Technologie können die realen Vortragenden mit virtuellen 3D-Objekten interagieren (vgl. Abb. 7.30).
- Durch Sprach- oder Gesten-Steuerung ist dies in Echtzeit möglich. Der Vortragende wird durch ein Kamerasystem erfasst und mit den virtuellen Objekten augmentiert. Das dadurch entstehende Gesamtbild wird in der Regel auf eine Leinwand oder LCD-Wand projiziert. Diese Technik wird teilweise auch in Fernsehstudios wie z. B. ZDF-Nachrichtensendungen eingesetzt.

Tab. 7.10: Klassifikationsschema für Living Poster.

Anwendungs-szenario	Living Poster		
Technik			
Hardware	Rechner, Webcam, Plakat (aktiv oder passiv)		
Verfügbarkeit	Stationär	Internet	Mobil
Tracking-verfahren	nicht-visuell	visuell — marker-basiert / marker-less	Face
	Marker-/Texturerkennung, gegebenenfalls Gesichtserkennung		
Kommunikation			
Einsatzbereich	B2B — Anbahnung / Akquisition		B2C — Bindung / Rückgewinnung
Einsatzfeld	Education	Kollaboration	Konfiguration/Simulation
	Navigation/Orientierung	Präsentation/Visualisierung	
Einsatzgebiet/ Einsatzzweck	Öffentlicher Raum Vermittlung interaktiver Werbebotschaften		
Haptischer Eindruck	Nein		

2. Szenario

– Bei einem Vortrag wird der Akteur mithilfe von AR mit Zusatzinformationen wie z. B. Sprechblasen, Produktbildern etc. dargestellt.

– Gesteuert wird die Platzierung der virtuellen Objekte durch Gesten, die vorher zu trainieren sind. Dies lässt sich auch mit *Living Print*-Elementen kombinieren.

3. Szenario

Ein Vortragender diskutiert mit einem Avatar, d. h. mit einem künstlichen Charakter. Mithilfe von Markern lässt sich der Avatar z. B. auf einem Stuhl platzieren. Der Vortragende kann diesen Stuhl bewegen, sich aber auch räumlich frei bewegen. Dadurch entstehende Verdeckungen werden in Echtzeit errechnet und in das produzierte Gesamtbild einbezogen.

Abb. 7.30: Living Presentation: Beispiele.
Quelle: (Aurea, 2010), (MLD Digits, 2018)

Tab. 7.11 fasst die Klassifikationsergebnisse zu Living Presentation zusammen; grau schraffierte Flächen treffen zu.

7.8 Living Meeting

Durch die zunehmende Globalisierung finden immer mehr Meetings nicht mehr face-to-face statt, sondern über entsprechende Kommunikationstools als Videokonferenzen. Mittels Augmented Reality kann man Videokonferenzen anreichern, so dass sie fast wie reale Zusammentreffen wirken. Für *Living Meeting*, das alle drei Realisierungsstufen unterstützen kann, sind verschiedene Ausprägungen denkbar.

Ein Szenario wurde bereits 2014 (Penn, et al., 2004) vorgestellt; dieses realisiert kein Meeting im eigentlichen Sinne, sondern fokussiert insbesondere kollaboratives Arbeiten unter Zuhilfenahme augmentierter Objekte im Architekturbereich. Technische Voraussetzungen dieser Anwendung sind ein speziell entwickeltes Head-Mounted-Display, in das Stereo-Kameras integriert sind, sowie geeignete Software.

Eine andere Möglichkeit, ein Living Meeting zu realisieren, wurde mit Living Agents als Werkzeug bereits 2006 als augmentierte Lehrveranstaltung beschrieben (ZHdK, 2006). Eine dislozierte, d. h. ortsunabhängige Live-Anwendung bietet über eine klassische Präsenzveranstaltung hinaus vielfältige Möglichkeiten, neue Lehr- und Lernformate zu realisieren.

Die Möglichkeit der Integration von Avataren eröffnet die Realisierung von Living Meetings im eigentlichen Sinne (Kantonen, Woodward, & Katz, 2010). In dem vorgestellten System werden Avatare mit realen Personen kombiniert, d. h. einige Besprechungsteilnehmer nutzen einen virtuellen Raum, andere sitzen gemeinsam an einem

Tab. 7.11: Klassifikationsschema für Living Presentation.

Anwendungs-szenario	Living Presentation			
Technik				
Hardware	Rechner, Webcam, eventuell Greenbox			
Verfügbarkeit	Stationär	Internet		Mobil
Tracking-verfahren	nicht-visuell	visuell		Face
		marker-basiert	marker-less	
	Marker-/Texturerkennung			
Kommunikation				
Einsatzbereich	B2B		B2C	
	Anbahnung	Akquisition	Bindung	Rückgewinnung
Einsatzfeld	Education	Kollaboration	Konfiguration/Simulation	
	Navigation/Orientierung		Präsentation/Visualisierung	
Einsatzgebiet/ Einsatzzweck	Vorträge, Messen Infotainment			
Haptischer Eindruck	Nein			

realen Besprechungstisch (vgl. Abb. 7.31). Der physisch vorhandene Besprechungs-tisch wird im virtuellen Raum repliziert, um die Interaktion virtueller Objekte und das Auftreten der Avatare zu ermöglichen. Dabei sehen die realen Personen den realen Be-sprechungstisch augmentiert um die Avatare; dargestellt wird es durch eine spezielle Datenbrille (Data-See-Through-Glasses). Sowohl reale Personen als auch Avatare kön-nen mit virtuellen Objekten interagieren, dies ist auf dem realen Besprechungstisch ebenso möglich wie auf der virtuellen Replikation (vgl. Abb. 7.32).

Heute sind Virtuelle Meetings, bzw. AR-Meetings allgemein verfügbar. Viele Unternehmen arbeiten mit verschiedenen Ansätzen an dieser Meeting-Zukunft, etwa Facebook mit Workrooms in VR oder Google mit der prototypischen Holo-

Abb. 7.31: Living Meeting: Augmentierte Besprechung.
Quelle: (Penn, et al., 2004), (Dallas Innovates, 2020)

Abb. 7.32: Living Meeting: AR Telekonferenz in Kombination mit virtuellem Raum.
Quelle: (Kantonen, Woodward, & Katz, 2010, S. 179)

Telefonkabine Starline, die ohne Brille auskommt (Bastian, 2021). Cisco, Betreiber der Videokonferenzplattform Webex, bietet *Webex Hologram* an, d. h. eine Brillen-basierte Augmented Reality-Erweiterung für Webex, die neben rein digitalen 3D-Inhalten wie etwa ein Produktmodell auch Personen streamen kann. Die Besonderheit bei Webex Hologram ist, dass Cisco realistisch gerenderte Holo-Abbilder der Gesprächspartner verspricht, die wie bei einer Videokonferenz in Echtzeit gestreamt werden. (MarTech-Vibe, 2021) Andere 3D-Meeting-Plattformen speziell für VR wie Facebook Workrooms setzen auf abstrakte Comic-Avatare (vgl. Abb. 7.33).

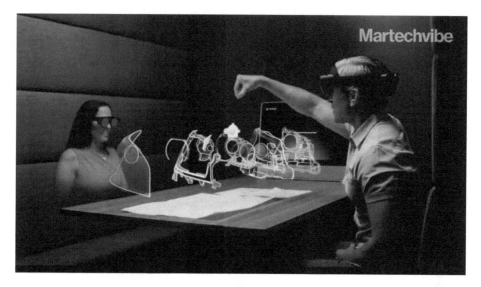

Abb. 7.33: Living Meeting: Webex Hologram.
Quelle: (MarTechVibe, 2021)

Tab. 7.12 fasst die Klassifikationsergebnisse zu Living Meeting zusammen; grau schraffierte Flächen treffen zu.

7.9 Living Environment

Als *Living Environment*, das alle drei Realisierungsstufen unterstützen kann, werden alle AR Anwendungen, die mit mobilen Systemen reale Umgebungen oder Einrichtungen mit Zusatzinformationen jeglicher Art wie Text, 2D- oder 3D-Objekten, Video- und Audiosequenzen erweitern, bezeichnet.

Nur die Ergänzung um Zusatzinformationen, die einen räumlichen Bezug schaffen, entspricht Augmented Reality im engeren Sinne; werden zu einem Objekt nur textuelle Zusatzinformationen eingeblendet, liegt in der Regel kein räumlicher Bezug vor. Diese Anwendungen werden als AR im weiteren Sinne verstanden. Aufgrund der bislang geringeren Rechenleistung von mobilen Endgeräten werden vielfach solche Applikationen angeboten, die erst mit wachsender Rechnerleistung echte Augmented Reality Elemente beinhalten werden.

Ziel dieser Anwendungen ist Informationsgewinnung durch den Benutzer allein dadurch, dass durch die Kamera ein Objekt oder eine Kombination von Objekten erfasst wird. Dabei ist die Kombination von mehreren Sensoren wie z. B. Videoinformation zusammen mit GPS-Informationen und Trägheitsinformationen möglich und oftmals gewünscht.

Tab. 7.12: Klassifikationsschema für Living Meeting.

Anwendungs-szenario	Living Meeting			
Technik				
Hardware	Rechner, Webcam, Head-mounted Display			
Verfügbarkeit	Stationär	Internet		Mobil
Tracking-verfahren	nicht-visuell	visuell		Face
		marker-basiert	marker-less	
	Marker-/Texturerkennung, gegebenenfalls Gesichtserkennung			

Kommunikation				
Einsatzbereich	B2B		B2C	
	Anbahnung	Akquisition	Bindung	Rückgewinnung
Einsatzfeld	Education	Kollaboration	Konfiguration/Simulation	
	Navigation/Orientierung	Präsentation/Visualisierung		
Einsatzgebiet/ Einsatzzweck	Beprechungen, Konferenzen Erweiterung virtueller Zusammenkünfte um realitätsnahe Aspekte (Darstellung realer Personen)			
Haptischer Eindruck	Nur bei der Interaktion mit virtuellen Zusatzobjekten, die zu Diskussionszwecken simuliert werden			

Das Tracking erfolgt in der Regel durch *Natural Feature Recognition* (siehe Kapitel 3.1.2). Diese Technik ist in fast jeder natürlichen Umgebung anwendbar. Viele Analysten gehen davon aus, dass diese Anwendung – neben den AR Games – der AR Technologie insgesamt zum – auch wirtschaftlichen – Durchbruch verhelfen werden.

Verschiedene Szenarien sollen Anwendungsmöglichkeiten verdeutlichen:

1. Szenario

In einer natürlichen, sprich realen Umgebung (Stadt, Gebirge etc.) dient das mobile Gerät als Orientierungshilfe. Die Umgebung wird erkannt und zusätzliche Informationen wie z. B. Straßennamen oder Namen der Berggipfel eingeblendet. Auch für

Sehbehinderte können solche Systeme eingesetzt werden; audiovisuelle Informationen lassen sich entsprechend einbinden.

2. Szenario
Beim Lesen von Twitter-Nachrichten auf dem Smartphone wird angezeigt, wo und in welcher Entfernung diese abgesetzt wurden.

3. Szenario
Mithilfe eines mit der Kamera erfassten Gesichts lassen sich Zusatzinformationen aus dem Internet einblenden.

4. Szenario
In einem Supermarkt erfasst das mobile Gerät Waren oder Strichcodes und übermittelt Daten über Inhaltsstoffe, Preise und Konkurrenzangebote.

5. Szenario
Bei der Wohnungssuche werden – abhängig von der aktuellen Position – Informationen über Mietangebote angezeigt und die entsprechenden Häuser auf dem Bildschirm des mobilen Gerätes markiert.

6. Szenario
In einem Museum wird ein Gemälde durch die Smartphone-Kamera erkannt und danach dargestellt, in welchen Arbeitsphasen dieses entstanden ist. Ein Skelett eines Dinosauriers in einem Ausstellungsraum wird identifiziert und durch Überlagerung *zum Leben erweckt.*

7. Szenario
Bei einer Operation wird das reale Bild des Patienten mit den 3D-Daten des Computertomographen kombiniert.

8. Szenario
Bei Wartungsarbeiten an einer Maschine werden 3D-Objekte wie z. B. Ersatzteile lagegerecht eingeblendet.

Die Szenarien lassen sich beliebig erweitern. In vielen dieser Anwendungen ist ein Internet-Zugriff auf eine Datenbank wie z. B. aus Google Maps notwendig. Dies limitiert die Systeme in ihrer Geschwindigkeit. Durch die Nutzung derartiger Dienste entstehen zusätzliche Kosten für den Anwender; *Pay per use,* d. h. Bezahlung pro Nutzung wird die Basis für unterschiedliche Anwendungen und daraus resultierende Geschäftsmodelle sein.

Hält man sich streng an die Definition von Augmented Reality, nämlich die Überlagerung mit 3D-Objekten, so ist der rechte Teil von Abb. 7.34 kein Augmented Reality im engeren Sinne. Ergänzt man z. B. die Information durch einen entsprechend positionierten Pfeil, der den Eingang des Gebäudes signalisiert, so dass ein räumlicher Bezug entsteht, dann liegt eine AR Anwendung im engeren Sinne vor.

Abb. 7.34: Living Environment: Beispiel.

In Abb. 7.35 zeigen der linke Teil Erklärungen eines Kunstwerkes im Museum und der rechte Teil die Einblendung von Benutzerdaten aus internetbasierten Sozialen Netzwerken in die reale Umgebung.

Abb. 7.35: Living Environment: Beispiel.
Quelle: (Catchoom, 2019), (Tremplin Numerique, 2021)

Abb. 7.36 verdeutlicht den Einsatz bei der Flugzeugwartung. Dabei läuft der Servicetechniker um das Fahrwerk und nimmt es mit der Kamera des Tablets auf. Das Objekt wird erfasst und auf einem Server (Cloud) mit 3D-Animationen, Videos oder CAD-Daten verknüpft. Die virtuellen Zusatzinformationen werden in Echtzeit auf das Gerät des Technikers zurückgespielt und lagerichtig in sein Kamerabild eingeblendet. Störanfällige Teile und die zur Reparatur benötigten Arbeitsmittel und Ersatzteile werden sofort angezeigt. Bei Bedarf kann der Servicetechniker über eine integrierte Webkon-

Abb. 7.36: Living Environment: Einsatz in der Flugzeugwartung.
Quelle: (Fraunhofer IGD, 2013)

ferenzsoftware räumlich entfernte Spezialisten zur Unterstützung hinzuziehen und ihnen durch die Kamera seines Geräts einen Blick auf die zu erledigende Aufgabe gewähren. Die AR Lösung unterstützt nicht nur eine positionsgetreue und schrittweise Erklärung des Arbeitsprozesses, sondern steigert die Wartungsgeschwindigkeit und senkt gleichzeitig das Fehlerrisiko. (Fraunhofer IGD, 2013)

Tab. 7.13 fasst die Klassifikationsergebnisse zu *Living Environment* zusammen; grau schraffierte Flächen treffen zu.

7.10 AR Anwendungsszenarien im Überblick

In den verschiedenen Abschnitten dieses Kapitels wurden unterschiedliche Anwendungsszenarien für Augmented Reality aufgezeigt und die entsprechenden Einsatzfelder diskutiert. Eine Gegenüberstellung von Anwendungsszenarien und Einsatzfeldern zeigt auf, welches Anwendungsszenario sich für welches Einsatzfeld besonders eignet; grau schraffierte Flächen treffen zu (vgl. Tab. 7.14).

Der Fokus von Augmented Reality bzgl. Einsatzfeldern liegt auf Präsentation/Visualisierung. Der zunehmende Einsatz von *Living Environment* lässt die anderen Einsatzfelder an Relevanz gewinnen. Die aufgezeigten Anwendungsszenarien besitzen unterschiedliche Bedeutung hinsichtlich ihrer Einsatzmöglichkeiten sowie ihres Nutzens; in Abb. 7.37 sind die verschiedenen Szenarien entsprechend eingeordnet; die Größe der Kreise deutet den geschätzten Marktanteil an.

Tab. 7.13: Klassifikationsschema für Living Environment.

Anwendungs-szenario	Living Environment			
Technik				
Hardware	Mobile Geräte (Mobiltelefon etc.)			
Verfügbarkeit	Stationär	Internet		Mobil
Tracking-verfahren	nicht-visuell	Visuell durch NFR		Face
		marker-basiert	marker-less	
	Natural Feature Recognition, gegebenenfalls Gesichtserkennung			
Kommunikation				
Einsatzbereich	B2B			B2C
	Anbahnung	Akquisition	Bindung	Rückgewinnung
Einsatzfeld	Education	Kollaboration		Konfiguration/Simulation
	Navigation/Orientierung		Präsentation/Visualisierung	
Einsatzgebiet/Einsatzzweck	Öffentlicher Raum Erweiterung der realen Umgebung mit weiteren Informationen			
Haptischer Eindruck	Ja, da die Steuerung für mobile Endgeräte erfolgt			

Augmented Reality vor allem als *Living Environment* hat in den letzten Jahren verstärkt Eingang in das tägliche Leben gefunden. Mit wachsender Rechenleistung mobiler Endgeräte lassen sich auch hier computergenerierte Zusatzobjekte so raffiniert darstellen, dass dem Nutzer immer weniger bewusst ist, dass zum Teil ein Eintauchen in eine virtuelle Realität stattfindet.

Tab. 7.14: Anwendungsszenarien und Einsatzfelder für AR.

Einsatzfeld	Anwendungsszenario									
	Living Mirror	Living Card/ Living/ Brochure	Living Object	Living Architecture	Living Poster	Living Book/ Living Game printbasiert	Living Game - mobil	Living Presentation	Living Meeting	Living Environment
Education		✓	✓	✓		✓		✓	✓	✓
Konfiguration/ Simulation			✓	✓				✓	✓	✓
Kollaboration			✓				✓	✓	✓	✓
Navigation/ Orientierung				✓				✓	✓	✓
Präsentation/ Visualisierung	✓	✓	✓	✓	✓	✓	✓	✓	✓	✓

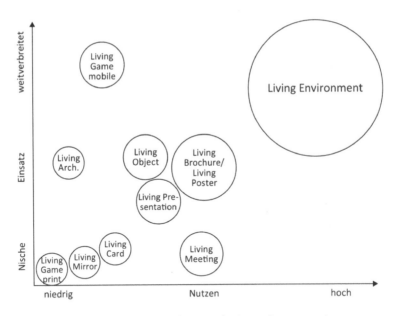

Abb. 7.37: Einsatzmöglichkeiten und Nutzen der Anwendungsszenarien.

7.11 Entscheidungskriterien für Augmented Reality

Augmented Reality und Virtual Reality weisen insbesondere hinsichtlich der Realisierungsstufen viele Gemeinsamkeiten auf, dennoch unterscheiden sie sich in den Anwendungsmöglichkeiten. Zu prüfen ist daher, ob man eine Anwendung der erweiterten oder der virtuellen Realität umsetzen möchte. Prüfkriterien sind vor allem Simulation von Situationen, ihre Verfügbarkeit sowie ihr Gefährdungspotenzial, Notwendigkeit der Einbettung in Realität, Aufwand und Kosten. Eine entsprechende Einordnung erfolgt in Tab. 7.15.

Betrachtet man die Reparatur einer Anlage, dann bietet sich Augmented Reality an. Die Notwendigkeit der Einbettung in die Realität ist gegeben; die Funktionsfähigkeit, also eine Alltagssituation, soll erzielt werden. Ebenso ist die Verfügbarkeit der Anlage gegeben und es liegt kein Gefährdungspotenzial vor. Anders sieht es z. B. bei einem Flugsimulator vor. In dieser virtuellen Realität sollen vor allem Ausnahmesituationen geübt werden, die in der Realität selten auftreten, dann aber ein hohes Gefährdungspotenzial aufweisen. Hat man eine Entscheidung hinsichtlich zwischen Augmented und Virtual Reality getroffen, muss man klären, welche Realisierungsstufe benötigt wird: Reicht eine Visualisierung (Stufe 1), bewegt man sich eher im Bereich Anleitung und Kontrolle (2) oder ist eine Anwendung zur Interaktion (Stufe 3) notwendig? Je höher die Realisierungsstufe ist, desto größer sind Entwicklungs- und Schulungsaufwand sowie damit verbundene Kosten. Hat man sich für Augmented

Tab. 7.15: Prüfkriterien zur Entscheidung Augmented Reality vs. Virtual Reality.

Kriterium	Augmented Reality	Virtual Reality
Simulation von Situationen	Alltagssituationen	Ausnahmesituationen
Verfügbarkeit von Situationen	Hoch	Ausnahmen, selten auftretend
Gefährdungspotenzial von Situationen	Kein	Gering bis hoch
Notwendigkeit der Realitätseinbettung	Ja	Nein
Aufwand zur Erstellung	Gering bis mittel	Hoch
Kosten zur Erstellung	Gering bis mittel	Hoch

Reality entschieden, ist nun in Abhängigkeit der Realisierungsstufe noch ein passendes Anwendungsszenario zu wählen.

Anwendungen im AR Bereich stehen und fallen mit dem generierten Mehrwert. Natürlich erfordert die Umsetzung einer AR Anwendung entsprechenden Entwicklungsaufwand, der nicht zu unterschätzen ist. Sehr viel wichtiger ist aber, dass in die Konzeption der Anwendung einerseits so viel Kreativität wie notwendig und andererseits so viel Pragmatismus wie möglich fließen, so dass die Anwendung später den notwendigen Mehrwert liefert.

8 Chancen, Risiken und Grenzen

> **i** Nach der Darstellung der Anwendungsszenarien wird in diesem Kapitel ein kritisches Fazit bzgl. der Chancen, Risiken und Grenzen von AR gezogen.

8.1 Chancen

Die verschiedenen Marktforschungsinstitute prognostizieren Augmented Reality ein großes Marktwachstum. AR ist ein wichtiges unterstützendes Medium und führt zu einer Verbesserung der Kommunikationsprozesse und -strukturen z. B. durch Visualisierung; dieser Trend wird sich in den kommenden Jahren nochmals deutlich verstärken. Heutige Rechnersysteme in Kombination mit Flexibilität, dem Problemlösungsfähigkeit und Kreativität des Menschen sind hierfür eine wesentliche Grundlage.

Die verschiedenen Anwendungsszenarien zeigen deutlich die Chancen, die AR bietet:

- Schnelle Vermittlung von Inhalten (Time-to-Content)
  Im Zuge der wachsenden Anzahl an Informationen wird die Suchzeit nach relevanten Informationen immer wesentlicher; mittels Augmented Reality ist eine schnelle Vermittlung von Inhalten möglich, was in der Folge zu einer Reduktion der Suchzeiten führt.
- Gleichzeitige Ansprache verschiedener Sinne
  Die Steigerung der Emotionalität z. B. durch Bewegt-Bilder oder Musik und die daraus resultierende Ansprache verschiedener Sinne unterstützt den Kommunikationsprozess und vermittelt kommunizierte Inhalte nachhaltiger. Durch Berücksichtigung der Erkenntnisse aus dem Bereich des multisensorischen Lernens bei der Entwicklung von AR Applikationen sind Kommunikationsprozesse und -strukturen optimierbar.
- Stärkere Aktivierung der Kommunikationsteilnehmer
  Augmented Reality führt zu einer Verlängerung der Verweildauer bei der Kommunikation und weckt Neugierde auch bei Personen, die weniger stark in die Kommunikation involviert sind.
- Erhöhung der Erfahrungs- und Vertrauenseigenschaften
  Produkte und Dienstleistungen werden durch AR erlebbar und begreifbar; dies gilt insbesondere auch für komplexe Anwendungen im technischen Bereich.
- Parallelisierung verschiedener Tätigkeiten
  Durch Generierung und Visualisierung von Zusatzinformationen, die zur Verringerung der Komplexität verschiedener Tätigkeiten führen können, wird Multi-

https://doi.org/10.1515/9783110756500-008

Tasking unterstützt; eine Parallelisierung verschiedener Tätigkeiten wird ermöglicht bzw. effizient unterstützt.
– Kollisionserkennung realer und virtueller Objekte
Gerade bei technischen AR Applikationen führt die verbesserte Kommunikation zu einer Verringerung möglicher Kollisionen und/oder Unfälle.

Augmented Reality wird als Informationsmehrwert zum täglichen Leben gehören und nicht nur das Arbeitsleben beeinflussen, sondern auch das alltägliche Verhalten verändern – ähnlich wie das Web.

Wie die Gesellschaft mehrheitlich auf Augmented Reality reagieren wird, ist zum jetzigen Zeitpunkt noch nicht beurteilbar. In vielen Fällen überwiegt derzeit die Faszination, die diese Technologie auf Betrachter ausübt. Selten werden die gesellschaftlichen und auch individuellen Auswirkungen von Augmented Reality bislang kritisch beurteilt.

8.2 Risiken

Jede neue Technologie birgt Risiken, insbesondere durch ihre Anwendungsmöglichkeiten. Durch die Verschmelzung von physischer und augmentierter Realität stellt sich die Frage, ob es für diese Technologie und die damit einhergehenden Anwendungen spezielle soziale und juristische Regeln geben muss. Bis zum jetzigen Zeitpunkt gibt es dazu noch keine Regelungen – weder für den öffentlichen Raum noch in der Anwendung im Arbeitsumfeld. Herausforderungen treten vor allem in den Bereichen Datenschutz und Datensicherheit, Urheber- und Persönlichkeitsrecht, sowie Missbrauch und Belästigung auf. Das gilt nicht nur für AR Anwendungen, sondern – eher noch verstärkt –in der rein Virtuellen Welt. Hier kommen dann noch Probleme der Entfremdung und Vereinsamung sowie Suchtprobleme hinzu. Beide Technologien verändern sicherlich auch die soziale Interaktion.
Im Folgenden werden einige Risiken fokussiert, die in enger Verbindung zu Augmented Reality stehen:
– Datenschutz und Datensicherheit
Augmented Reality in Kombination mit sozialen Netzwerken birgt deutliche Risiken hinsichtlich des Datenschutzes. Bislang handelt es sich zwar nur um prototypische Anwendungen, bei der eine Person über eine mobile AR Anwendung erkannt und die zu ihr gehörigen Daten und Informationen in sozialen Netzwerken ermittelt werden. Es ist aber nur eine Frage der Zeit, bis derartige Applikationen für den Massenmarkt verfügbar sind und entsprechend genutzt werden. Der Aspekt Datenschutz – auch in Kombination mit Sensordaten aus Kompass, GPS oder RFID – gewinnt immer mehr an Bedeutung. Es gilt Regelungen zu treffen, die eine derartige Transparenz personenbezogener Daten, also den *gläsernen*

Menschen verhindern. Aktuelle AR-Brillen werten nicht nur Kopfbewegungen, sondern auch Pupillenbewegungen aus. Schon heute bieten Analytics-Firmen sogenannte Gaze-Maps an, die der Kundschaft detailliert zeigen, wohin ein Benutzer in der virtuellen Welt schaut (Heise, 2017). Ähnliches ist auch in der AR-Welt vorstellbar. Hinzu kommt, dass das Tragen einer AR-Brille oder einer entsprechenden Kontaktlinse Umgebungsdaten sowohl aus dem privaten als auch öffentlichen Raum liefert – inklusive möglicher Gesichts- und Gestenerkennung. Hier stellt sich auch die Frage, wie sicher derartige Daten verwaltet werden und ob eine missbräuchliche Nutzung ausgeschlossen werden kann.

– Verschmelzung von Realität und Virtualität
Die nahezu perfekte Simulation der Realität durch virtuelle Objekte macht es immer schwerer, zwischen Realität und Virtualität zu unterscheiden. VR und AR bieten also auch entsprechende Möglichkeiten der Manipulation (Büro für Technikfolgen-Abschätzung beim Deutschen Bundestag, 2021). Es lässt sich das Kaufverhalten manipulieren, indem virtuelle Objekte oder Zusatzinformationen eingeblendet werden. Durch das immer besser werdende Verschmelzen von realer und virtueller Realität sind manipulierte Inhalte kaum mehr von nichtmanipulierten zu unterscheiden. Staaten, Unternehmen, Gruppierungen oder Einzelpersonen können dies nutzen (Büro für Technikfolgen-Abschätzung beim Deutschen Bundestag, 2021). Dabei muss angemerkt werden, dass man durch Dimished Reality Objekte auch gezielt ausblenden kann.

– Technikabhängigkeit
Nutzt man AR z. B. in der Medizin oder für technische Anwendungen zwecks Visualisierung hochkomplexer Zusammenhänge, entsteht eine starke Abhängigkeit der Technologie. Fehler in der AR-Applikation können schwere Fehler, in der Medizin gar mit tödlichem Ausgang nach sich ziehen. Ähnliche Diskussionen gibt es bereits bei Fahrassistenzsystemen in der Automobilindustrie.

– Arbeitsrechtliche Aspekte
Werden AR-Brillen im Arbeitsprozess eingesetzt, sind arbeitsrechtliche Bestimmungen zu berücksichtigen. Für ihre unterstützenden Informationen muss die Brille den Standort des Nutzers erfassen und standortbezogene Daten nutzen können. Neben dem Standort kann auch ein Zugriff auf Kalender- oder andere Dokumente notwendig sein, um die nächsten Aufgaben der betroffenen Person unterstützen zu können. Da die Hilfestellungen der Brille auf den Aufgabenbereich des Nutzers gezielt zugeordnet werden, handelt es sich um personenbezogene Daten. Bewegungsprofile lassen sich erstellen und auswerten. Beim Einsatz einer AR-Brille werden aber gegebenenfalls weitere Arbeitnehmer im Videobild erfasst. Der Einsatz der AR-Brillen bedarf einer Folgenabschätzung nach Art. 35 DSGVO (Intersoft Consulting, 2021). Beim Einsatz von AR-Brillen muss eine Interessenabwägung zwischen der mit dem Einsatz von AR-Brillen verfolgten Zwecke (Leistungssteigerung, Arbeitserleichterung, Fehlervermeidung, Verhinderung Ar-

beitsunfälle etc.) und den Persönlichkeitsrechten der Betroffenen stattfinden (Dr. Datenschutz, 2018).

– Urheber- und Verwertungsrechte
  Besonders im rein virtuellen Raum wird über Urheber- und Verwertungsrechten, z. B. von Avataren diskutiert. Avatare lassen sich auch im AR-Bereich z. B. bei Konferenz-Systemen einsetzen. Für Avatare besteht zwar kein grundgesetzlicher Persönlichkeitsschutz wie bei natürlichen Personen, wohl aber für das Individuum, das sie repräsentieren bzw. ähnlich sind (Müller-Terpitz & Hornung, 2021). Für die Verwendung von anderen Objekten wie 3D-Objekten, Bildern oder Texten gilt das gleiche Recht wie bei der Verwendung in Print-Publikationen oder Web-Seiten.

– Verwässerung des Begriffs Augmented Reality
  Zunehmend werden in den Medien Anwendungen, vor allem im Bereich Living Environment vorgestellt, die kein Augmented Reality im engen Sinne sind (vgl. Abb. 7.34). Dies kann dazu führen, dass der Begriff AR verwässert wird.

– Augmented Reality-Spam
  Ein weiteres Risiko ist AR-Spam, d. h. Werbebotschaften werden augmentiert, gegebenenfalls noch akustisch mit Geräuschen oder musikalischer Untermalung unterlegt und massenweise ungefragt an Nutzer versendet.

8.3 Grenzen

Schaut man sich die verschiedenen Interfaces und Anwendungsszenarien detaillierter an, so lässt sich feststellen, dass einige Szenarien wie z. B. Living Meeting hardware-technisch hohe Anforderungen an den Nutzer stellen. Die Vorstellung, sich zukünftig mit einer Datenbrille bewegen zu müssen, damit alle relevanten Daten ins Gesichtsfeld eingeblendet werden können, mutet eher seltsam an. Die Beispiele Bluetooth Headset für das Smartphone oder MP3-Player zeigen aber, dass Nutzer hier durchaus anpassungsfähig sind.

Den Einsatzmöglichkeiten von Augmented Reality sind Grenzen gesetzt:

– Fehlen alltagstauglicher Hardware
  Auch wenn die Interfaces, die man zur Nutzung von AR benötigt, in den letzten Jahren signifikante Verbesserungen erfahren haben – wirklich alltagstauglich ist die Hardware hinsichtlich Ergonomie oder Einsatzmöglichkeiten auch im industriellen Umfeld noch nicht.

– Hohe Anforderungen an das Trackingsystem
  Insbesondere das Rendering, d. h. das Kombinieren realer und virtueller Objekte im Rahmen des Trackings erfordert immer noch eine sehr hohe Rechenleistung, über die nicht jedes Endgerät verfügt.

–   Limitierungen bei der Marker-Verwendung
    Gerade Texturmarker können nicht in beliebiger Kombination verwendet wer-
    den, da ihre Nutzung eine sehr hohe Rechenleistung voraussetzt und bei derzei-
    tigen üblichen Endgeräten die Performance nicht optimal ist.
–   Fehlende Prozessintegration und Kopplung mit Standardsoftware
    Heutige Augmented Reality Anwendungen sind nicht in bestehende Prozesse inte-
    griert; oftmals fehlen auch Schnittstellen zu ihrer Integration in Standardsoftware.
–   Akzeptanz durch Anwender
    Augmented Reality erfordert oftmals, dass der Anwender anders als bisher ge-
    wohnt agieren muss; dies kann z. B. die Nutzung geeigneter Interfaces sein. Ein
    ständiges Tragen einer Datenbrille, damit eine Einblendung aller relevanten
    Daten in das Gesichtsfeld erfolgen kann, wird von vielen Anwendern nur schwer-
    lich akzeptiert werden – es sei denn, der Nutzen ist für den Anwender so hoch,
    dass er einen für sich spürbaren Vorteil erkennt.
–   Schwer quantifizierbarer Nutzen und Aufwand durch AR
    Augmented Reality hat sehr häufig keinen eigenständig messbaren Nutzen,
    sondern bietet einen Zusatznutzen aufgrund von Synergie-Effekten, der sich
    aber nur schwerlich monetär quantifizieren lässt.

Besondere Chancen liegen in der AR-Cloud, einer digitalen Kopie der realen Welt.
Diese Kopie kann dann als eine Art Layer über die reale Welt gelegt werden. Dadurch
wäre es möglich, sich virtuell an jeden Ort der Erde zu bewegen und sich mit anderen
Akteuren real und virtuell zu treffen. Ähnlich einem digitalen Zwilling der Welt lassen sich Informationen so abbilden und dokumentieren, dass sie insbesondere von
AR Anwendungen für ein besseres und umfangreicheres Erlebnis verwendet werden
können. In der AR-Cloud können gespeicherte Informationen passend in der Realität
visualisiert und bereitgestellt. Es gibt bereits einige Ansätze zu dieser Idee, die auch
das gesamte Internet revolutionieren können. An dem Konzept arbeiten beispielsweise die Open AR Cloud sowie geschlossene Systeme der einzelnen Hersteller wie
PTC, 8th Wall, 6d.ai, Microsoft, Google, Apple und Facebook (BitKom, 2021).

9 Zusammenfassung und Ausblick

Dieses Kapitel fasst wesentliche Aspekte dieses Buchs zusammen und zeigt auf, wie sich Augmented Reality weiterentwickeln wird.

9.1 Zusammenfassung

Augmented Reality wird unser zukünftiges Leben beeinflussen; immer mehr virtuelle Inhalte werden mittels AR dargestellt werden, so dass es zu einer stärkeren Verschmelzung von Realität und Virtualität kommen wird. Das ist positiv wie auch negativ; es ergeben sich große Chancen, die aber auch mit entsprechenden Risiken einhergehen. Augmented Reality als Technologie ist ausgereift; die meisten technologischen Entwicklungen fanden in den 1990er Jahren statt. Mit der Entwicklung der Rechnerleistung ist AR in der Regel heute ohne spezielle Rechner anwendbar.

Die aufgezeigten Anwendungsszenarien und Use Cases zeigen deutlich die Chancen, die AR bietet. Bereits heute sind einige Anwendungen praxistauglich; entscheidend sind jedoch Anwendungskontext und dauerhafter Nutzen. Augmented Pets und Toys sind ein Nischenprodukt und für die breite Anwendung wenig interessant. *Living Brochures* oder *Living Objects* z. B. besitzen deutlich vielfältigere Einsatzmöglichkeiten und werden sich daher am Markt durchsetzen.

Gerade *Living Environment* Applikationen, d. h. Applikationen, die wie ein Radar Umgebungsintelligenz steigern, Navigation unterstützen oder interessenbezogene Informationen darstellen, werden in den kommenden Jahren zunehmend an Relevanz gewinnen und bald so selbstverständlich sein wie die Nutzung von Google-Maps, wie die entsprechende AR-Erweiterung bereits zeigt. Ein typisches Beispiel sind augmentierte Sichtfelder beim Autofahren. Das Aufkommen leistungsstarker mobiler Endgeräte, die mit entsprechenden Displays ausgestattet sind, führt schnell dazu, dass sich erweiterte Realität etabliert.

9.2 Ausblick

Frühere Prognosen besagten, dass sich der AR Markt bis 2020 signifikant verändert (Pattern Language, 2010) und die Realität zu einem Informationsraum wird, in dem Daten aller Art hinterlegt und bereitgestellt werden können. Die in Abb. 9.1 dargestellte Vision für 2020 wurde zwar noch nicht erzielt; die sich schnell entwickelnden AR Produkte zeigen aber, dass die Vision bis 2025 Realität werden wird. Realität und

https://doi.org/10.1515/9783110756500-009

Web verschmelzen immer stärker. Derzeit noch eine Schlüsseltechnologie wird Augmented Reality in Kürze zur Basistechnologie, da die Entwicklungszyklen insbesondere im IT-Bereich werden immer kürzer werden.

Abb. 9.1: AR Vision 2020.
Quelle: (Pattern Language, 2010)

Der starke Zuwachs an Daten mit damit einhergehender Transparenz zeigt aber auch die Risiken von Augmented Reality; Datenschutz und Wahrung der Privatsphäre sind zwei wichtige Aspekte, die zu klären und zu sichern sind.

Literatur

3DQE. (2021). *Augmented Reality, so einfach und vielseitig wie nie zuvor.* Abgerufen am 04. Dezember 2021 von https://digitale-erfolgsgeschichten-sachsen-anhalt.de/augmented-reality-so-einfach-und-vielseitig-wie-nie-zuvor/

Ahlert, D., Kenning, P., & Petermann, F. (2001). Die Bedeutung von Vertrauen für die Interaktionsbeziehung zwischen Dienstleistungsanbietern und -nachfragern. In M. Bruhn, & B. Strauss, *Interaktionen im Dienstleistungsbereich. Dienstleistungsmanagement Jahrbuch 2001* (S. 279–298). Wiesbaden: Gabler.

Answers. (2014). *Avatar.* Abgerufen am 01. Dezember 2021 von http://www.answers.com/topic/avatar-icon

APKMOD. (2020). *Pokemon GO MOD APK 0.185.1 (Fake GPS/Anti-Ban).* Abgerufen am 01. Dezember 2021 von https://apkmod.cc/games/pokemon-go-mod-apk/

ARTag. (2009). *ARTag.* Abgerufen am 04. September 2021 von http://www.artag.net

ASIA Plus. (2018). *Newspaper Asia-Plus – again with augmented reality.* Abgerufen am 04. Dezember 2021 von https://asiaplustj.info/en/news/tajikistan/society/20181005/newspaper-asia-plus-again-with-augmented-reality

Augmented Reality Games. (2021). *Augmented Reality Games.* Abgerufen am 06. Dezember 2021 von http://www.augmented-reality-games.com

AugmentedPlanet. (2010). *Augmented reality the future of interactive tryvertising.* Abgerufen am 03. Dezember 2021 von www.augmentedplanet.com/2010/06/augmented-reality-the-future-of-interactive-tryvertising/

Aurea. (2010). Abgerufen am 04. August 2010 von http://www.au-rea.de

Azuma, R. (1997). *A Survey of Augmented Reality.* Abgerufen am 01. Dezember 2021 von http://www.cs.unc.edu/~azuma/ARpresence.pdf

Basic Thinking. (2010). *Für Android-Entwickler Bietet Qualcomm kostenloses Augmented Reality SDK.* Abgerufen am 06. Dezember 2021 von http://www.basicthinking.de/blog/2010/10/04/fuer-android-entwickler-qualcomm-bietet-kostenloses-augmented-reality-sdk/#more-21233

Bastian, M. (2021). *Webex Hologram: Cisco zeigt neue AR-Technik für Holo-Meetings.* Abgerufen am 02. Dezember 2021 von https://mixed.de/webex-hologram-cisco-zeigt-neue-ar-technik-fuer-holo-meetings/

Baur, D. (2006). *Automatische Gesichtserkennung: Methoden und Anwendungen (Dissertation).* München.

Behance. (2016). *LEGO Connect Augmented Reality Mobile App.* Abgerufen am 05. Dezember 2021 von https://www.behance.net/gallery/34161553/LEGO-Connect-Augmented-Reality-Mobile-App

Bellenberg, J. (2021). *Besser Picken mit Smart Data.* Abgerufen am 01. Dezember 2021 von https://www.it-zoom.de/mobile-business/e/besser-picken-mit-smart-data-27353/

BeyondReality. (2010). *Beyond Reality.* Abgerufen am 05. März 2014 von http://www.beyondreality.nl

Bimber, O., & Raskar, R. (2005). *Spatial Augmented Reality: Merging Real and Virtual Worlds. A Modern Approach to Augmented Reality.* Wellesley: Peters.

Birbaumer, N. (1975). *Physiologische Psychologie – eine Einführung an ausgewählten Themen.* Berlin u.a.

Bitforge. (2021). *AR Cloud – der logische nächste Schritt für Augmented Reality.* Abgerufen am 02. Dezember 2021 von https://bitforge.ch/augmented-reality/ar-cloud-der-logische-naechste-schritt-fuer-augmented-reality/

BitKom. (2021). *Arbeitskreis Augmented & Virtual Reality.* Abgerufen am 01. Dezember 2021 von https://www.bitkom.org/Bitkom/Organisation/Gremien/Augmented-and-Virtual-Reality.html

Blasi, L. d. (2004). *Die Räume der Kybernethik.* Abgerufen am 03. Dezember 2021 von http://www.inst.at/trans/15Nr/10_4/blasi_luca15.pdf

https://doi.org/10.1515/9783110756500-010

Bleser, G. W. (2006). Online camera pose estimation in partially known and dynamic scenes. *Proceedings of the 5th IEEE and ACM International Symposium on Mixed and Augmented Reality*, (S. 56–65).

BMW Group. (2019). *Ganz real: Virtual und Augmented Reality eröffnen neue Dimension für das Produktionssystem der BMW Group*. Abgerufen am 01. Dezember 2021 von https://www.press. bmwgroup.com/deutschland/article/detail/T0294345DE/ganz-real:-virtual-und-augmented-reality-eroeffnen-neue-dimension-fuer-das-produktionssystem-der-bmw-group?language=de

Brühl, J. (2013). *Schau mir in die Augen*. Abgerufen am 10. Dezember 2021 von http://www.sued deutsche.de/wirtschaft/gesichtserkennung-beim-einkaufen-schau-mir-in-die-augen-kunde-1. 1810293

Bruhn, M. (2016a). *Kundenorientierung: Bausteine für ein exzellentes Customer Relationship Management (CRM)*. München: Beck.

Bruhn, M. (2016b). *Relationship Marketing: Das Management von Kommunikationsbeziehungen, 5. Auflage*. München: Vahlen.

Bruhn, M. (2018). *Kommunikationspolitik: Systematischer Einsatz der Kommunikation für Unternehmen, 9. Auflage*. München: Vahlen.

Bruhn, M. (2019). *Marketing, Grundlagen für Studium und Praxis, 16. Auflage*. Wiesbaden: Springer Gabler.

Brunelli, R., & Poggio, T. (1993). Face Recognition: Features versus Templates. *IEEE Transactions on PAMI, 15 (10)*, S. 1042–1052.

Büro für Technikfolgen-Abschätzung beim Deutschen Bundestag. (2021). *VR und AR – Status quo, Herausforderungen und zukünftige Entwicklungen, TAB-Arbeitsbericht Nr. 180*. Abgerufen am 12. Dezember 2021 von https://www.tab-beim-bundestag.de/news-2019-06-25-virtuelle-und-erweiterte-realitaeten-var-was-das-ist-und-was-sie-uns-bringen.php

Catchoom. (2019). *Augmented Reality in Museums and Exhibitions: Improving Visitors Experience*. Abgerufen am 02. Dezember 2021 von https://catchoom.com/blog/augmented-reality-in-museums-and-exhibitions-improving-visitors-experience/

Christmas AR. (2021). *Christmas AR*. Abgerufen am 06. Dezember 2021 von http://www.christmas-ar.com/?lang=de

DA Tech. (2009). *Leitfaden Usability (DIN EN ISO 9241-110)*. Abgerufen am 07. Dezember 2021 von http://www.fit-fuer-usability.de/downloads/Leitfaden-Usability.pdf

Dallas Innovates. (2020). *How Augmented, Virtual Reality Bridges the Business Travel Gap in Age of COVID*. Abgerufen am 02. Dezember 2021 von https://dallasinnovates.com/how-augmented-virtual-reality-bridges-the-business-travel-gap-in-age-of-covid/

DeCarlo, D., & Metaxas, D. (2000). Optical Flow Constraints on Deformable Models with Applications to Face Tracking. *International Journal of Computer Vision, 38(2)*, S. 99–127.

Deimel, K. (1989). Grundlagen des Involvement und Anwendung im Markting. *Marketing – Zeitschrift für Forschung und Praxis, 11, 8*, S. 153–161.

Devicedaily. (2008). *3D Books – Reading has a future thanks to AR Technology*. Abgerufen am 03. Dezember 2021 von http://www.devicedaily.com/misc/3d-books-reading-has-a-future-thanks-to-ar-technology.html

Dr. Datenschutz. (2018). *Augmented Reality am Arbeitsplatz*. Abgerufen am 20. Dezember 2021 von https://www.dr-datenschutz.de/augmented-reality-am-arbeitsplatz/

Dulux. (2021). *Die neue Dulux Visualizer App: Augmented Reality macht Ihre Farbauswahl einfach wie nie*. Abgerufen am 04. Dezember 2021 von https://www.dulux.de/de/tipps/die-neue-dulux-visualizer-app-augmented-reality-macht-ihre-farbauswahl-einfach-wie-nie

Dumont. (2021). *Das größte Abenteuer der Menschheit mit Augmented Reality erleben*. Abgerufen am 03. Dezember 2021 von https://www.dumontreise.de/verlagsprogramm-und-updates/reise-zum-mond.html

EDAG. (2021). *Augmented Reality in der Instandhaltung.* Abgerufen am 04. Dezember 2021 von
https://smartfactory.edag.com/portfolio-items/augmented-reality-in-der-wartung/

Edwards, G. (2001). *Using the Active Appearance Algorithm for 3D Face and Facial Feature Tracking.*
Abgerufen am 01. Dezember 2021 von http://www.lysator.liu.se/~eru/research

Enderlein, U. (2003). *Wahrnehmung im Virtuellen (Dissertation).* Abgerufen am
03. DezemberAugust 2021 von http://tuprints.ulb.tu-darmstadt.de/300/2/textdiss-ue.pdf

Eyepet. (2014). Abgerufen am 20. Februar 2014 von http://www.eyepet.com

Feiner, S., MacIntyre, B., & Seligmann, D. (1992). Annotating the real world with knowledge-based
graphics on a see-through head-mounted display. *Proceedings of the Conference on Graphics
Interface '92* (S. 78–85). San Francisco: Morgan Kaufmann Publishers.

Fell, T. (2018). *Chirurgen planen mittels AR.* Abgerufen am 02. Dezember 2021 von https://www.im
mersivelearning.news/2018/04/18/augmented-reality-aerzteoperieren-mit-ar-unterstuetzung/
[10.06.2020].

Fraunhofer IGD. (2003). *Studie des ARToolKits für Collaborative Augmented Reality.* Abgerufen am
01. Dezember 2021 von http://publica.fraunhofer.de/dokumente/N-18716.html

Fraunhofer IGD. (2013). *CeBIT 2013: Augmented Reality für die Flugzeughalle.* Abgerufen am
06. Dezember 2021 von https://www.igd.fraunhofer.de/Institut/Abteilungen/Virtuelle-und-
Erweiterte-Realität/AktuellesNews/CeBIT-2013-Augmented-Reality-f%26%23x00FC

Fraunhofer IGD. (2021). *Augmented Reality (AR) für medizinische Interventionen.* Abgerufen am
08. Dezember 2021 von https://www.igd.fraunhofer.de/projekte/augmented-reality-ar-fuer-
medizinische-interventionen

Freischlad, N. (2015). *Startup Augmented Reality.* Abgerufen am 06. Dezember 2021 von https://id.
techinasia.com/comment/mengintip-kantor-startup-ar-bandung-octagon-
studio?token=120039&tia-comment=1&post_id=120039

Futurezone. (2021). *Die besten Augmented-Reality-Games für IOS und Android.* Abgerufen am
04. Dezember 2021 von https://futurezone.at/games/die-besten-augmented-reality-games-
fuer-ios-und-android/401143293

Gartner. (2013). *Gartner's 2013 Hype Cycle Special Report Evaluates Maturity of 1,650 Technologies.*
Abgerufen am 01. Dezember 2021 von http://www.gartner.com/newsroom/id/2575515

Gartner. (2018). *Hype Cycle for Emerging Technologies 2018.* Abgerufen am 21. November 2021 von
https://www.gartner.com/en/documents/3885468/hype-cycle-for-emerging-technologies-2018

Gartner. (2019). *Strategic Technology Trends for 2019.* Abgerufen am 25. November 2021 von https://
www.gartner.com/smarterwithgartner/gartner-top-10-strategic-technology-trends-for-2019

Goethe Institut. (2016). *Kinderbücher mit digitalem Mehrwert.* Abgerufen am 04. Dezember 2021
von https://www.goethe.de/de/kul/lit/20816637.html

Google. (2021). *Use Live View on Google Maps.* Abgerufen am 02. Dezember 2021 von https://sup
port.google.com/maps/answer/9332056?hl=en&co=GENIE.Platform%3DAndroid

Gordon, I., & Lowe, D. G. (2006). What and Where: 3D Object Recognition with Accurate Pose.
*Toward Category-Level Object Recognition 2006: Lecture Notes in Computer Science,
Volume 4170,* S. 67–82.

Haller, M., Landerl, F., & Billinghurst, M. (2005). A loose and sketchy approach in a mediated
reality environment. *Proceedings of the 3rd International Conference on Computer Graphics
and Interactive Techniques in Australasia and South East Asia,* (S. 371–379). Dunedin,
Neuseeland.

Hayes, G. (2009). *16 Top Augmented Reality Business Models.* Abgerufen am 01. Dezember 2021
von https://www.personalizemedia.com/16-top-augmented-reality-business-models/

Heise. (2010). *Qualcomm setzt auf Augmented-Reality.* Abgerufen am 05. Dezember 2021 von
http://www.heise.de/newsticker/meldung/Qualcomm-setzt-auf-Augmented-Reality-
1031868.html

Heise. (2017). *Virtuelle Kämpfe.* Abgerufen am 12. Dezember 2021 von https://www.heise.de/se lect/ct/2017/6/1489413403096911

Herbig, D. (2021). *VR-Headset Project Cambria: Facebooks Vorgeschmack auf das Metaversum.* Abgerufen am 04. Dezember 2021 von https://www.heise.de/news/VR-Headset-Project-Cambria-Facebooks-Vorgeschmack-auf-das-Metaversum-6234972.html

Hippner, H., & Wilde, K. (2006). *Grundlagen des CRM: Konzepte und Gestaltung.* Wiesbaden: Gabler.

Holo Light. (2021). *AR3S Ihre Software um mit CAD Modellen in Augmented Reality zu arbeiten.* Abgerufen am 01. Dezember 2021 von www.holo-light.com/de/produkte/ar3s/

IKEA. (2021). *Mit der IKEA App per Augmented Reality einrichten.* Abgerufen am 01. Dezember 2021 von https://www.ikea.com/de/de/this-is-ikea/corporate-blog/ikea-place-app-augmented-reality-puba55c67c0

IMore. (2018). *Jurassic World Alive: Everything you need to know!* Abgerufen am 06. Dezember 2021 von https://www.imore.com/jurassic-world-alive

Ingress. (2014). *Home.* Abgerufen am 06. Dezember 2021 von http://www.ingress.com

Intersoft Consulting. (2021). *DSGVO Art. 35 – Datenschutz-Folgenabschätzung.* Abgerufen am 15. Dezember 2021 von https://dsgvo-gesetz.de/art-35-dsgvo/

Invidis. (2021). *ZDF erneuert virtuelles Studio.* Abgerufen am 04. Dezember 2021 von https://invi dis.de/2021/07/tv-zdf-erneuert-virtuelles-studio/

Jeck-Schlottmann, G. (1988). Anzeigenbetrachtung bei geringem Involvement. *Marketing – Zeitschrift für Forschung und Praxis, 10,* S. 33–44.

Kantonen, T., Woodward, C., & Katz, N. (2010). Mixed Reality in Virtual World Teleconferencing. *IEEE Virtual Reality,* (S. 179–182). Waltham, Massachusetts.

Kipper, G., & Rampolla, J. (2013). *Augmented Reality: An Emerging Technologies Guide to AR.* Waltham: Elsevier.

Klein, G. (2009). *Visual Tracking for Augmented Reality: Edge-based Tracking Techniques for AR Applications.* Saarbrücken.

Klein, G. (2010). *Parallel Tracking and Mapping for Small AR Workspaces – Source Code.* Abgerufen am 01. Dezember 2021 von http://www.robots.ox.ac.uk/~gk/PTAM/

Klein, G., & Murray, D. (2010). Simulating Low-Cost Cameras for Augmented Reality Compositing. *IEEE Transactions on Visualization and Computer Graphics, Vol. 16, No. 3,* S. 369–380.

Knüsel, J. (2021). *Japanese vending machine tells you what you should drink.* (T. Telegraph, Herausgeber) Abgerufen am 04. Dezember 2021 von Neue Funktionen für den Getränkeautomaten: https://asienspiegel.ch/2021/04/japan-getraenkeautomat-gesichtserkennung-dydo

Kolski, P. (2022). *Berliner Mauer in AR.* Abgerufen am 01. Dezember 2021 von https://mauar.berlin/

Konert, F.-J. (1986). *Vermittlung emotionaler Erlebniswerte.* Heidelberg.

Konstruktion & Entwicklung. (2020). *Was geht mit Augmented Reality im Bereich Konstruktion?* Abgerufen am 04. Dezember 2021 von https://www.konstruktion-entwicklung.de/was-geht-mit-augmented-reality-im-bereich-konstruktion

Kroeber-Riehl, W. (1984). Emotional Product Differentiation by Classical Conditioning (with consequences for the "Low-Involvement Hierarchy"). *Advances in Consumer Research, Vol. 11, eds. Kinnear, T.C., Provo, U.T.: Association for Consumer Research,* S. 538–543.

Kroeber-Riehl, W. (1987). Informationsüberlastung durch Massenmedien und Werbung in Deutschland. *Die Betriebswirtschaft, 47,* S. 257–261.

Kroeber-Riehl, W., & Esch, F. (2015). *Strategie und Technik der Werbung – verhaltenswissenschaftliche Ansätze, 8. Auflage.* Stuttgart.

Kroeber-Riehl, W., & Gröppel-Klein, A. (2019). *Konsumentenverhalten, 11. Auflage.* München: Verlag Vahlen.

LayAR. (2010). *Home.* Abgerufen am 01. Dezember 2021 von http://www.layar.com

Lego. (2010). *Home*. Abgerufen am 01. Dezember 2021 von http://www.lego.de

Lego. (2021). *Lego*. Abgerufen am 15. Dezember 2021 von https://www.lego.com/de-de/product/welcome-to-the-hidden-side-70427

LiveGameBoard. (2021). *LivingBoard*. Abgerufen am 06. Dezember 2021 von http://www.livegameboard.com/shop/

Logistik heute. (2021). *Augmented Reality: Audi setzt auf neueste Version der HoloLens*. Abgerufen am 25. November 2021 von https://logistik-heute.de/news/augmented-reality-audi-setzt-auf-neueste-version-der-hololens-32262.html

Ludwig, C., & Reimann, C. (2005). Augmented Reality: Information im Fokus. C-Lab Report ISSN 1619-7879, Vol. 4, No. 1.

Marketing-Börse. (2009). *Neue 3D Avatar Entwicklungsumgebung für effiziente Mensch-Maschine-Kommunikation*. Abgerufen am 15. März 2014 von http://www.marketing-boerse.de/News/details/Neue-3D-Avatar-Entwicklungsumgebung-fuer-effiziente-Mensch-Maschine-Kommunikation/19286

MarTechVibe. (2021). *Cisco Launches Webex Hologram, An AR Meeting Solution*. Abgerufen am 04. Dezember 2021 von https://martechvibe.com/news/cisco-launches-webex-hologram-an-ar-meeting-solution/

Mears, L. (2010). *Augmented Reality – History*. Abgerufen am 03. März 2014 von http://pixel13.lukemears.com/#post123

Medium. (2016). *How Augmented Reality benefits Real Estate Business*. Abgerufen am 07. Dezember 2021 von https://medium.com/@Immersivegaze/how-augmented-reality-benefits-real-estate-business-90af57b7d3b2

Meedia. (2013). *Die WELT setzt auf Augmented Reality*. Abgerufen am 07. Dezember 2021 von http://meedia.de/2013/09/05/die-welt-setzt-auf-augmented-reality

Meffert. (1986). *Marketing – Grundlagen der Absatzpolitik, 5. Auflage*. Wiesbaden: Gabler.

Mehler-Bicher, A., & Steiger, L. (2020). Augmented und Virtual Reality. In M. M. Lang, *Von Augmented Reality bis KI*. München: Hanser.

Meta. (2020). *Announcing Project Aria: A Research Project on the Future of Wearable AR*. Abgerufen am 04. Dezember 2021 von https://about.fb.com/news/2020/09/announcing-project-aria-a-research-project-on-the-future-of-wearable-ar/

Meta. (2021). *Inside Facebook Reality Labs: Wrist-based interaction for the next computing platform*. Abgerufen am 04. Dezember 2021 von https://tech.fb.com/inside-facebook-reality-labs-wrist-based-interaction-for-the-next-computing-platform/

Metabuch. (2021). *Multimedia und Interaktivität*. Abgerufen am 06. Dezember 2021 von https://www.metabuch.de/

Metaio. (2010). Abgerufen am 31. Juli 2016 von http://www.metaio.de/demo/demo/afc-moebelplaner

Metropolitan Museum of Art. (2021). *Eine virtuelle Kulturreise durch das „Met Unframed" via Augmented-Reality-App*. Abgerufen am 04. Dezember 2021 von https://www.ad-magazin.de/article/metropolitan-museum-of-art-met-unframed-augmented-reality-app

Microsoft. (2021a). *HoloLens 2-Angebote entdecken*. Abgerufen am 04. Dezember 2021 von https://www.microsoft.com/de-de/hololens/buy

Microsoft. (2021b). *Mirosoft mesh*. Abgerufen am 04. Dezember 2021 von https://news.microsoft.com/innovation-stories/microsoft-mesh/

Milgram, P., & Kishino, F. (1994). A Taxonomy of Mixed Reality Visual Displays. *IEICE Transactions on Information and Systems, Special Issue on Network Reality, E77 – D (12)*.

Milgram, P., Takemura, H., Utsumi, A., & Kishino, F. (1994). Augmented Reality: A Class of Displays on the Reality-Virtuality Continuum. *Telemanipulator and Telepresence Technologies*, S. 282–292.

Mini. (2008). Abgerufen am 31. Juli 2010 von http://www.mini.de

Mister Spex. (2014). *Brillen-Live-Anprobe.* Abgerufen am 02. Dezember 2021 von http://misters pex.de/brillen/live-anprobe.html

MLD Digits. (2018). *LEWA AR App – Messe Achema 2018.* Abgerufen am 03. Dezember 2021 von https://www.mld-digits.de/referenzen/lewa-achema-2018/

Mobile Tagging. (2007). *What is Mobile-Tagging?* Abgerufen am 10. Dezember 2021 von http://mo bile-tagging.blogspot.com/2007/09/what-is-mobile-tagging.html

Mobile Venue. (2010). *LEGO Digital Box brings Augmented Reality to LEGO Stores Worldwide.* Abgerufen am 31. Dezember 2021 von https://www.mobilevenue.com/lego-digital-box-brings-augmented-reality-lego-stores-worldwide-04190305/

Mojo. (2021). *What if tomorrow you could . . .* Abgerufen am 02. Dezember 2021 von https://www.mojo.vision/

Müller-Terpitz, R., & Hornung, G. (2021). *Rechtshandbuch Social-Media.* Heidelberg: Springer.

Müllner, W. (2013). *Potentiale, Risiken und Grenzen von "Augmented Reality": Innovation im dreidimensionalen Raum oder "Visuelle Plage" (Masterthesis).* Saarbrücken: AV Akademikerverlag.

Navab, N. (2019). *Screen-based Augmented Reality Magic Mirror for Medical Education.* Abgerufen am 06. Dezember 2021 von https://www.youtube.com/watch?v=mwnLloLDCSM

Netzwelt. (2009). *Augmented Reality: Erste App für das iPhone erschienen.* Abgerufen am 03. Dezember 2021 von http://www.netzwelt.de/news/80582-augmented-reality-erste-app-iphone-erschienen.html

New York Times. (2009). *Webcam Brings 3-D to Topps Sports Cards.* Abgerufen am 01. Dezember 2021 von http://nytimes.com/2009/03/09/technology/09topps.html

Niantic. (2021). *Technologien und Ideen, die bewegen.* Abgerufen am 01. Dezember 2021 von https://nianticlabs.com/

OECD. (2021). *PISA 2021: Zusammenfassung zentraler Befunde.* Abgerufen am 07. Dezember 2021 von https://www.oecd.org/berlin/publikationen/bildung-auf-einen-blick.htm

Pattern Language. (2010). *Envisioning Your Future in 2020.* Abgerufen am 01. Dezember 2021 von http://designmind.frogdesign.com/blog/envisioning-your-future-in-2020.html

Pearle. (2022). Brille virtuell anprobieren. Abgerufen am 10. März 2022 von https://www.pearle.at/service/brille-virtuell-anprobieren

Penn, A., Mottram, C., Schieck, F., Wittkämper, M., Störring, M., & Romell, O. (2004). Augmented Reality meeting table: a novel multi-user interface for architectural design. *DDSS 2004,* (S. 1–19).

Pertschy, F. (2020). *Diesen Mehrwert bieten Virtual und Augmented Reality für BMW.* Abgerufen am 02. Dezember 2021 von https://www.automotiveit.eu/technology/diesen-mehrwert-bieten-virtual-und-augmented-reality-fuer-bmw-102.html

Pivaci. (2021). *Pick-by-Vision.* Abgerufen am 01. Dezember 2021 von https://picavi.com/loesungen

Porter, M., & Heppelmann, J. (2018). Eine Brücke zwischen digitaler und physischer Welt. *Harvard Business*(Februar), S. 2–21.

Preality. (2020). *Home.* Abgerufen am 04. Dezember 2021 von https://preality.de/

ProcSet Media Solutions. (2019). *DDV Mediengruppe optimiert Augmented-Reality-App mit PAPER. plus.* Abgerufen am 05. Dezember 2021 von https://www.worldofprint.de/2019/10/10/ddv-mediengruppe-optimiert-augmented-reality-app-mit-paperplus/

Program ACE. (2021). *Can Augmented Reality in Warehouses Provide Superior Logistics?* Abgerufen am 04. Dezember 2021 von https://program-ace.com/blog/augmented-reality-warehouse/

Queppelin. (2018). *How we used Augmented Reality to bring Museums to life.* Abgerufen am 03. Dezember 2021 von https://www.queppelin.com/2018/05/how-we-used-augmented-reality-to-bring-museums-to-life/

Reichheld, F. (2003). The One Number You Need to Grow. *Harvard Business Review, Vol. 81, No. 12*, S. 47–54.

Rethink Industries. (2020). *Digital Signage Will Play a Major Role in the Reopening of Retail*. Abgerufen am 06. Dezember 2021 von https://www.rethink.industries/article/digital-signage-will-play-a-major-role-in-the-reopening-of-retail/

Richter, K. (2007). *Methoden bei der Entwicklung plattformübergreifender Benutzerschnittstellen (Dissertation)*. Abgerufen am 05. März 2014 von http://tuprints.ulb.tu-darmstadt.de/epda/000841/kai_richter.pdf

Rolland, J., Baillot, Y., & Goon, A. (2001). *A Survey of Tracking Technologies for Virtual Environments*. Abgerufen am 15. März 2014 von http://odalab.ucf.edu/Publications/2001/BookChapter/TrackingTechforVirtualEnviroments.pdf

Rosenberg, L. (1992). The Use of Virtual Fixtures As Perceptual Overlays to Enhance Operator Performance in Remote Environments. *Technical Report AL-TR-0089. USAF Armstrong Laboratory. Wright-Patterson AFB OH.*

Rosenberg, L. (1993). The Use of Virtual Fixtures to Enhance Operator Performance in Telepresence Environments. *SPIE Telemanipulator Technology*.

Sauer, N., & Lehmann, C. (2019). App–Nutzung moderner Medien im transnationalen UNESCO Global Geopark Muskauer Faltenbogen/Łuk Mużakowa. *Schriftenreihe der Deutschen Gesellschaft für Geowissenschaften*, S. 28–25. doi:10.1127/sdgg/94/2019/28

Schwanck, S., Kuhn, M., & Blohm, F. (2007). *Augmented Reality*. Abgerufen am 03. März 2014 von http://www.f4.fhtw-berlin.de/~tj/vr/VR_Augmented-Reality.pdf

SensorTower. (2021). *Pokémon GO Catches $5 Billion in Lifetime Revenue in Five Years*. Abgerufen am 03. Dezember 2021 von https://sensortower.com/blog/pokemon-go-five-billion-revenue

Siepermann, M., & Lackes, R. (2014). *Benutzerschnittstelle*. Abgerufen am 17. März 2014 von Gabler Wirtschaftslexikon: http://wirtschaftslexikon.gabler.de/Definition/benutzerschnittstelle.html

Singularity Hub. (2010). *Augmented Reality makes Walls Transparent*. Abgerufen am 10. März 2014 von http://singularityhub.com/tag/transparent-walls/

Skrypnyk, I., & Lowe, D. (2004). Scene Modelling, Recognition and Tracking with Invariant Image Features. *Proceedings of the 3rd IEEE/ACM International Symposium on Mixed and Augmented Reality*, (S. 110–119). Abgerufen am 12. März 2014 von http://citeseerx.ist.psu.edu/viewdoc/download?doi=10.1.1.62.3575&rep=rep1&type=pdf

Sony. (2012). *Wonderbook*. Abgerufen am 21. Februar 2014 von http://www.playstation-wonderbook.com

Space & People. (2020). *Magic Mirror augmented reality (AR) activities have taken place in a number of venues*. Abgerufen am 06. Dezember 2021 von https://www.spaceandpeople.co.uk/experiential-activity-augmented-reality/

St. Elmos. (2021). *Die Zeitung von morgen?* Abgerufen am 06. Dezember 2021 von https://www.saint-elmos.com/arbeiten/faz-ar-ausgabe

Startblatt. (2010). *Augmented Reality: Orientierung beim Aufbau komplexer Bauteile*. Abgerufen am 03. März 2014 von http://www.startblatt.net/blogs/de.391-magdeburg/augmented-reality-orientierung-beim-aufbau-komplexer-bauteile

Ströer. (2010). *Wireless Poster*. Abgerufen am 01. Dezember 2021 von http://www.stroeer.de/index.php?id=1838

Suthau, T. (2006). *Augmented Reality – Positionsgenaue Einblendung räumlicher Informationen in einem See Through Head Mounted Display für die Medizin am Beispiel der Leberchirurgie (Dissertation)*. Abgerufen am 08. Dezember 2021 von https://depositonce.tu-berlin.de/handle/11303/1729

Suthau, T., Vetter, M., Hassenpflug, P., Meinzer, H.-P., & Hellwich, O. (2002). *Konzeption zum Einsatz von Augmented Reality in der Leberchirugie*. Abgerufen am 06. Dezember 2021 von http://www.cv.tu-berlin.de/fileadmin/fg140/Konzeption_zum_Einsatz.pdf

Swiss Air International. (2017). *Die SWISS Bombardier CS100 aus Pilotensicht*. Abgerufen am 02. Dezember 2021 von https://blog.swiss.com/de/2017/04/die-swiss-bomardier-cs-100-aus-pilotensicht

Tagesspiegel. (2019). *Wenn das Handy zur Zeitmaschine wird*. Abgerufen am 04. Dezember 2021 von https://www.tagesspiegel.de/berlin/ar-apps-zum-mauerfall-wenn-das-handy-zur-zeitmaschine-wird/25202976.html

Tantius, R. (2008). *Augmented Reality auf mobilen Endgeräten*. Abgerufen am 09. November 2021 von http://sewiki.iai.uni-bonn.de/_media/teaching/seminars/ss08/mobilechi/augmentedreality_2.0.pdf

Tesla. (2020). *Tesla Full Self-Driving's cool augmented reality view previewed by noted hacker*. Abgerufen am 02. Dezember 2021 von https://www.teslarati.com/tesla-fsd-augmented-reality-video/

Tilt Five. (2021). *Bring your games to holographic life*. Abgerufen am 07. Dezember 2021 von https://www.tiltfive.com/

Tönnis, M. (2010). *Augmented Reality: Einblicke in die erweiterte Realität (Dissertation)*. Heidelberg: Springer.

Toyota. (2021). *Toyota AR MY*. Abgerufen am 07. Dezember 2021 von https://toyota.com.my/army

Tremplin Numerique. (2021). *Die besten Augmented-Reality-Apps für iPhone und Android*. Abgerufen am 01. Dezember 2021 von https://www.tremplin-numerique.org/de/die-besten-Augmented-Reality-Apps-f%C3%BCr-iPhone-und-Android

Trendwatching. (2005). *Tryvertizing*. Abgerufen am 07. Dezember 2021 von http://trendwatching.com/trends/pdf/2005_03_tryvertizing.pdf

TU München. (2010). *Der Blick in den Körper – Erweiterte Realität in der computergestützten Chirurgie*. Abgerufen am 03. Dezember 2021 von http://www.in.tum.de/forschung/forschungs-highlights/medical-augmented-reality.html

TZ. (2020). *„Star Wars" lässt grüßen: Brettspiel in Augmented Reality*. Abgerufen am 07. Dezember 2021 von https://www.tz.de/leben/games/star-wars-realitaet-brettspiel-augmented-reality-artilt-five-valve-zukunft-htc-vive-zr-90092235.html

Uenohara, M. K. (1995). Vision-Based Object Registration for Real-Time Image Overlay. *Proceedings of the First International Conference on Computer Vision, Virtual Reality and Robotics in Medicine*, (S. 13–22).

Ungeheuer, G. (1983). *Einführung in die Kommunikationstheorie. Kurseinheiten 1–3*. Fernuniversität Hagen.

Unix. (1994). *Virtual Reality*. Abgerufen am 03. Dezember 2021 von http://www.home.unix-ag.org/sfx/papers/virtualreality.html

Useless Creations. (2014). *Zombies Everywhere!* Abgerufen am 03. Dezember 2021 von https://apps.apple.com/us/app/id530292213

Vogel, A. (2020). *Publikumszeitschriften 2020: Konsolidierung und Rückgang der Titelzahl*. Abgerufen am 04. Dezember 2021 von https://www.ard-werbung.de/media-perspektiven/fachzeitschrift/2020/detailseite-2020/publikumszeitschriften-2020-konsolidierung-und-rueckgang-der-titelzahl/

Volkswagen. (2020). *Audi steigert Effizienz in der Logistikplanung durch Augmented Reality*. Abgerufen am 01. Dezember 2021 von https://www.volkswagenag.com/de/news/2020/12/Audi-is-using-augmented-reality-to-increase-efficiency-in-logistics-planning.html%26%23x0023

Wadhwa, T. (2012). *What Do Jell-O, Kraft, And Adidas Have In Common? They All Want To Know Your Face.* (Forbes, Herausgeber) Abgerufen am 10. Dezember 2021 von http://www.forbes.com/sites/singularity/2012/08/08/billboards-and-tvs-detect-your-face-and-juice-up-ads-tailored-just-for-you

Wagner, D. (2007). *Handheld Augmented Reality (Dissertation).* Graz.

WDR. (2010). *Braucht die Wirklichkeit Untertitel?* Abgerufen am 15. März 2014 von http://www.wdr.de/themen/computer/2/augmented_reality/100127.jhtml

Weiber, R., & Adler, J. (1995). Informationsökonomisch begründete Typologisierung von Kaufprozessen. *Zeitschrift für betriebswirtschaftliche Forschung, 47. Jg., Nr. 1*, S. 43–65.

Weinberg, P. (1992). *Erlebnismarketing.* München.

Welt. (2009). *Augmented Reality.* Abgerufen am 03. Dezember 2021 von http://www.welt.de/wirtschaft/webwelt/article5344860/Augmented-Reality.html

Werder, S., & Bähr, H.-P. (2007). *Wissensrepräsentation für Katastrophenmanagement in einem technischen Informationssystem (TIS).* Abgerufen am 03. März 2014 von http://www-sfb461.ipf.uni-karlsruhe.de/publications/readpdf.php?id=1003

Wikitude. (2017). *Wikitude SDK 7: A developer insight.* Abgerufen am 07. Dezember 2021 von https://www.wikitude.com/blog-sdk-7-developer-insight/

Wilkinson, A. (2019). *FXgear Produces An Augmented Reality Fitting Mirror Solution.* Abgerufen am 05. Dezember 2021 von https://www.visualatelier8.com/fashion/fxgear-produces-an-augmented-reality-fitting-mirror-solution

Wiskott, L., Fellous, J., Krueger, N., & von der Malsburg, C. (1999). Face recognition by elasticbunch graph matching. *Intelligent Biometric Techniques in Fingerprint and Face Recognition*, S. 355–396.

xpert.digital. (2019). *Extended Reality.* Abgerufen am 25. November 2021 von https://xpert.digital/augmented-reality/

Zeit. (2010). *Handyspieler jagen Zombies.* Abgerufen am 03. Dezember 2021 von http://www.zeit.de/digital/games/2010-04/digitale-schnitzeljagd-games

Zhao, W. (2003). Face Recognition: A Literature Survey. *ACM Computing Surveys. Vol. 34, No. 4*, S. 399–458.

ZHdK. (2006). *Live Agents.* Abgerufen am 13. März 2014 von http://www.elearning.zfh.ch/projektf/projekte_view.cfm?id=4

Glossar

@Home
at home

Augmented Reality
Augmented Reality zielt auf eine Anreicherung der bestehenden realen Welt um computergenerierte Zusatzobjekte. Im Gegensatz zu Virtual Reality werden keine gänzlich neuen Welten erschaffen, sondern die vorhandene Realität mit einer virtuellen Realität ergänzt.

Avatar
Unter einem Avatar versteht man einen künstlichen, sprich virtuellen Charakter.

Benutzerschnittstelle
Siehe Interface

Digital Signage
Elektronisches, d. h. aktives Plakat

Face Detection
Unter Face Detection versteht man die Lokalisierung eines Gesichts in einem gegebenen Bild.

Face Recognition
Face Recognition ist die Ermittlung der Identität einer Person anhand ihrer Gesichtsmerkmale.

Face Tracking
Als Face Tracking bezeichnet man das automatisierte Erkennen von Gesichtern in visuellen Medien.

Facial Feature Extraction
Facial Feature Extraction beschreibt das Extrahieren von Merkmalen eines Gesichts.

Geschäftsmodell
Ein Geschäftsmodell wird einerseits durch den Nutzen für den Kunden und die Architektur der Wertschöpfung beschrieben. Andererseits ist das Ertragsmodell für ein Geschäftsmodell entscheidend, d. h. die Beantwortung der Frage, welche Einnahmen aus welchen Quellen generiert werden.

hap.dig
Kombination aus haptisch und digital

Head-Mounted-Display
Beim Head-Mounted-Display-Prinzip (HDM-Prinzip) ist die Kamera am Kopf des Betrachters montiert. Dadurch kann diese bei Kopfbewegungen die reale Umgebung erfassen und entweder nach Markern oder nach natürlichen Formen (marker- oder marker-less-tracking) suchen.

Head-Up-Display
Beim Head-Up-Display sieht der Benutzer die gespiegelte Information der bildgebenden Einheit und gleichzeitig die reale Welt.

Interface
Unter einem Interface versteht man allgemein die Schnittstelle zwischen einem Softwareprodukt und dem Endbenutzer, d. h. die von Seiten des Softwareprodukts vorgegebene Art und Weise der Interaktion (z. B. Führung des Benutzers, Möglichkeiten des Benutzers, selbst initiativ zu werden, Menütechnik, Maske)

Involvement
Unter Involvement versteht man die innere Beteiligung oder das Engagement, mit dem sich die Kunden der Kommunikation zuwenden.

Kommunikation
Kommunikation bedeutet die Übermittlung von Informationen und Bedeutungsinhalten zum Zweck der Steuerung von Einstellungen, Meinungen, Erwartungen und Verhaltensweisen gemäß spezifischen Zielsetzungen.

Kundenverhalten
Unter Kundenverhalten – auch Konsumentenverhalten genannt – versteht man das Verhalten der Menschen beim Kauf und Konsum von wirtschaftlichen Gütern oder Dienstleistungen.

Living
Augmentiert, quasi „zum Leben erweckt"

Living Architecture
Unter Living Architecture wird der Einsatz der Living Print-Technologie im Bereich Architektur verstanden.

https://doi.org/10.1515/9783110756500-011

Living Brochure	Als Living Brochure wird der Einsatz der AR Technologie im Bereich Print wie z. B. Zeitschriften oder Prospekten bezeichnet.
Living Card	Unter Living Card wird der Einsatz der Living Print-Technologie im Bereich Sammel- und Grußkarten verstanden.
Living Environment	Alle AR Anwendungen, die mit mobilen Systemen reale Umgebungen oder Einrichtungen mit Zusatzinformationen jeglicher Art wie Text, 2D-Objekten, 3D-Objekten, Video- und Audiosequenzen erweitern, bezeichnet man als Living Environment.
Living Meeting	Mittels Augmented Reality lassen sich Videokonferenzen so anreichern, dass sie fast wie reale Zusammentreffen wirken; dies ist ein Living Meeting
Living Mirror	Beim Living Mirror erkennt eine Kamera das Gesicht des Betrachters und platziert lagegerecht dreidimensionale Objekte auf das Gesicht, bzw. den Kopf. Die Projektion erfolgt über Bildschirm oder Beamer, so dass ein Spiegeleffekt hervorgerufen wird.
Living Object	Als Living Object bezeichnet man den Einsatz der AR Technologie im Bereich Print wie z. B. Verkaufsverpackungen.
Living Poster	Unter einem Living Poster wird eine Werbebotschaft im öffentlichen Raum verstanden, die mit Augmented Reality um manipulative Informationselemente erweitert wird.
Living Presentation	Messestände und Präsentationen lassen sich mittels AR Technologie zu einer Living Presentation anreichern.
Living Print	Als Living Print bezeichnet man den Einsatz der AR Technologie im Bereich Print.
Marker	Unter einem Marker versteht man ein zwei- oder dreidimensionales Objekt, das durch seine Art und Form leicht durch eine Kamera identifiziert (getrackt) werden kann.
Mobile Tagging	Mobile Tagging beschreibt den Vorgang, bei dem mit Hilfe einer Kamera eines mobilen Endgerätes ein 1D- bzw. 2D-Barcode ausgelesen wird.
Natural Feature Recognition	Natural Feature Recognition erlaubt ein Tracking ohne Verwendung künstlicher Marker und ermöglicht das Erkennen völlig unbekannter Umgebungen.
Rendering	Rendering ist die Technik der Kombination von realen und virtuellen Objekten zu einer neuen Szene.
Time-to-Content	Unter Time-to-Content versteht man die Zeitdauer, die benötigt wird, bis ein Anwender über von ihm gewünschte Informationen verfügt.
Tracking	Unter Tracking versteht man die Erkennung und „Verfolgung" von Objekten; auch Bewegungsgeschwindigkeit sowie Beschleunigung oder Verzögerung der Objekte lassen sich berechnen. Grundsätzlich können zwei verschiedene Verfahren unterschieden werden: Nichtvisuelles und visuelles Tracking
Tracking Engine	Eine Tracking Engine ist eine Bildverarbeitungssoftware speziell zur Erkennung und Verfolgung von Trackern.
Tryvertizing	Unter Tryvertizing versteht man in der klassischen Werbung die Möglichkeit, Produkte vor dem Kauf zu testen.
Virtual Reality	Unter Virtual Reality versteht man die Darstellung und gleichzeitige Wahrnehmung der Wirklichkeit und ihrer physikalischen Eigenschaften in einer in Echtzeit computergenerierten, interaktiven, virtuellen Umgebung; die reale Umwelt wird demzufolge ausgeschaltet.
WYDIWYG	What you do is what you get.

Stichwortverzeichnis

https://doi.org/10.1515/9783110756500-012